中华优秀传统文化大众化系列读物

山东省委宣传部　组编

好规矩 共遵守
——乡规民约代代传

王　广　著

传统文化与社区（乡村）文明读本
主编　颜炳罡

中华书局　齐鲁书社

图书在版编目(CIP)数据

好规矩　共遵守:乡规民约代代传/王广著. —北京:中华书局,2017.9
(中华优秀传统文化大众化系列读物)
ISBN 978-7-101-12694-5

Ⅰ.好… Ⅱ.王… Ⅲ.乡村–管理–章程–中国–通俗读物
Ⅳ.D69-49

中国版本图书馆 CIP 数据核字(2017)第 175205 号

书　　名	好规矩　共遵守——乡规民约代代传
著　　者	王　广
丛 书 名	中华优秀传统文化大众化系列读物
责任编辑	李洪超
出版发行	中华书局
	(北京市丰台区太平桥西里 38 号　100073)
	http://www.zhbc.com.cn
	E-mail:zhbc@ zhbc.com.cn
印　　刷	北京市白帆印务有限公司
版　　次	2017 年 9 月北京第 1 版
	2017 年 9 月北京第 1 次印刷
规　　格	开本/710×1000 毫米　1/16
	印张 11¾　插页 2　字数 140 千字
印　　数	1-4000 册
国际书号	ISBN 978-7-101-12694-5
定　　价	28.00 元

总　序

中华文化是中华民族的根与魂，是中华民族独特的精神标识与精神血脉，是中国人民的精神家园。作为世界四大文明古国中唯一延续至今且依然具有旺盛生命力的中华文明，既需要薪火相传，代代相守，又需要推陈出新，与时俱进，已经成为21世纪中华民族的共识。问题是，怎样才能让中华文化继续传下去，又由谁守下去？如何才能保障中华文化推出的"新"是中华文化的"新"，而不是流质变异的"新"，这是我们应当深思熟虑的。

北宋时期有位名叫张载的哲学家，他有四句非常流行的话："为天地立心，为生民立命，为往圣继绝学，为万世开太平。"由于张载生于横渠镇，世称张横渠，这四句话又被后世学者称为"横渠四句教"。千百年来，不少学者将"横渠四句教"作为自己的历史使命以及为学的宗旨。往圣之学当然就是圣学，圣学即是圣道，而圣道就是"祖述尧舜，宪章文武，宗师仲尼"之道，是尧、舜、禹、汤、文、武、周公、孔子相传之道。此道之相传，唐代哲学家韩愈称之为"道统"。韩愈认为，道统由孔子传到孟子，孟子死了，这个道统就中绝了，需要他来拾起道统，再往下传，他就是"为往圣继绝学"。张载与韩愈一样，认为圣学不得其传，他要主动地承担起"为往圣继绝学"的重任。无论是韩愈，还是张载，其心灵都是哲学家的心灵,其心态都是文化精英的心态,这种心态显然是将自己高高架于普通民众之上,可以"秒杀"千古风流,悲壮地承担继绝学的文化使命。历代文化精英这种"舍我其谁"的担当意识固然可敬,但我们要问:为什么以担当圣道为自己历史使命的历代知识精英们,没有走出继了绝、绝了继的历史循环? 如何才能走出这一历史循环? 我们认为,解决的方案只有一个,那就是将文化传承的责任由少数知识精英孤独而悲壮的担当转化为全民族每一分子的共同义务。

中华文化薪火相传,代代相守,问题是孰为薪火? 我们认为人人尽可为"薪火"。谁去守? 守护中华文化,中华儿女人人有责。在礼崩乐坏的春秋时代,孔子的学生子贡曾非常自信地说:"文武之道,未坠于地,在人。贤者识其大者,不贤者识其小者,莫不有文武之道焉。"(《论语·子张》)韩愈所谓的"轲之死,(道)不得其传焉",张载所谓的"绝学",张方平所谓的"儒门淡薄,收拾不住"等,都是精英文人忧道之不倡而发出的愤激之语,并非历史事实。套用子贡的话说,两千多年来,文武之道,孔孟之传,未坠于地,贤者识其大者,不贤者识其小者,莫不有中华之道焉,莫不有孔孟之学焉,何绝学之有?

《中庸》引孔子的话说:"道不远人。人之为道而远人,不可以为道。"道自盈天壤,无所不在,无时不在,在你身上、我身上、他身上,人皆有道,道就在我们日常生活里。子夏有言:"贤贤易色,事父母能竭其力,事君能致其身,与朋友交言而有信。虽曰未学,吾必谓之学矣。"(《论语·学而》)贤贤易色是夫妇之道,也是夫妇之学;竭其力是事奉父母之道,也是事奉父母之学;致其身是事君之道,也是事君之学;言而有信,是交友之道,也是交友之学。人间的一切道德实践活动无不是在行道、履道、为道,道何尝远人? 此道何尝失传,何尝绝? 近代以来尤其是"五四"以来,激进的知识分子有感于中国贫穷落后、任人宰割的悲惨现实,认为这一后果是由我们的传统文化造成的,于是起而激烈地批判、否定传统文化。什么讲礼教都是吃人的,吃人的都是讲礼教的,"仁义道德"吃人等,以愤激之语,发震天之声,他们可以使道隐而不彰,但无法绝道、毁道。

　　文化不应是少数知识精英孤芳自赏的存在物,而是普通民众的生存方式、生活方式。以文化人,以文育人,以文成人,这是文化本身的意义。以文化人,是自化,还是他化? 以文育人,是自育,还是他育? 换言之,谁化谁育? 化谁育谁? 我们的回答是:凡是人,皆须化;凡是人,皆须育;凡是人,皆须成。孔子讲"为仁由己",更多地强调人的自化、自育、自成,孟子要求"先知觉后知,先觉觉后觉",由先知先觉者去化、去育、去成后知后觉者,更多地强调他化、他育、他成。既强调自我迁善改过、自我转化、自我培育、自我养成,又强调他化、他育、他成,是中华文化在理想人格成长问题上的特点。作为知识分子尤其是人文知识分子,既有自化、自育、自成的天职,也有化他、育他、成他的历史使命和责任担当。

　　本套丛书的作者都是中华文化的爱好者、研究者,大都长期站在高校教学的第一线,又长期躬身于当代文化的实践活动,或乡村,或社区,或走进企业,或出入于机关,从事着中华文化的传播工作。在长期的工作实践中,我们深深体会到中国的普通民众需要什么,在读书中期待什么。作为学者,我们撰写这套大众读物,力求铺就一条由学术神圣殿堂通往百姓日常生活的道路。

1.贯通古今,实现由传统文化向现代文化的转化

　　中华文化源远流长,历经几千年之发展,有古今之异,文白之分。传

统文化的经典大都是用文言文写成的,而今天我们所使用的语言是白话文,对于广大读者而言,读传统文化的读物,首先面对的就是"文字障",不识其文,何以了解其意? 不解其意,何以身体力行? 贯通古今首先要贯通文言文与白话文,帮助读者克服文字障碍,使文言文不再是了解古人思想的障碍,而是理解古人思想的凭借。本套丛书在写作上,要求作者对所有引用古人思想、名句、观点等文字进行精要说明,进而引申发挥,实现触类旁通。

传统向现代的转化不仅仅是文字的,更是思想的。任何传统思想既是具时态的存在,也有超时空的意义,研究传统文化并不是要求当代人穿越时空回到古代去,而是让古人及其思想穿越时空来到今天,一句话:做到古为今用。冯友兰先生的"抽象继承法"不失为由传统向现代转换、贯通古今的有效手段与方式。的确,今天我们不必再去追问"学而时习之"在孔子时代具体学的、习的是什么,射箭、驾牛车或马车,这些当代社会不必人人皆学,但"学而时习之"告诉人们,无论学什么都需要习,不管是音乐、绘画、书法、数学、语文,还是物理、化学、生物、地理等,都要"学而时习之",其抽象意义至今没有过时。编委会要求作者们对古圣往贤的思想、命题、观念进行因时转换,创造性发挥,指出当代社会可行、可操作之点。

2. 铺平沟壑,实现由学术话语向百姓语言的转化

当代中国,高校林立,研究机构、研究院所多不胜举,加上当代学者大都十分努力勤奋,每年出版的学术著作数以万计,而期刊杂志刊发的学术文章远远多于出版的著作。不过,这些学术著作与学术论文最上乘

的也不过在"为往圣继绝学"而已,与百姓无关,学术已远离百姓生活,学术归学术,百姓归百姓。不少学者久已习惯于钻入象牙塔,孤芳自赏,感叹着曲高和寡,而百姓所饥渴的精神世界只好找些"心灵鸡汤"去讨生活,当学术话语不再理会百姓生活的时候,百姓自然也不再关心学术。

中华文化一向以"极高明而道中庸"为特质,高明的思想高到极致就是平常道理,反过来,极为平常的道理又何尝不是最高明的道理,神圣与凡俗之间是相通的,不是二分的。翻开《论语》,打开《孟子》,没有故弄玄虚,也不会故作高深,更不会拒人千里。我们要求作者化神圣为凡俗,摒弃学术八股,将学术性话语转化为百姓日用话语,以学者的严谨作通俗之文,但通俗而不庸俗。

3.融合事理,实现玄远之思想向百姓日常生活的转化

西人有言:理论是灰色的,而生活之树常青。如何实现灰色的理论与常青的生活之树之间的无缝对接,似乎是中西理论共同遇到的难题。我们认为,这一问题的解决不是就理论而言理论,而是在生活中不断发现理论、解释理论、验证理论与升华理论,让灰色的理论不再灰色。无庸讳言,中华传统文化尤其是传统哲学的确有深刻、玄远、抽象的一面,如《中庸》《易传》《老子》《庄子》等,这些经典到处充满着艰深晦涩的思想,在经典解释中也有繁琐、人人言异、让人无所适从的一面,如"格物致知"这一命题到明末解释就有72家之说,这些问题是我们每一位传统文化研习者都遇到的挑战。

在我们的作者队伍中,大都是乡村儒学、社区儒学的讲师,多次面对普通百姓讲学,如何将灰色的理论讲得百姓愿听、爱听,每一位学者都有

自己的心得。我们认为以事言理、以理统事、事理相融是化灰色为常青的有效途径。任何高深的理论总有历史上与现实中的典型事例与之相对应，而任何典型案例都具有类型、具有典范意义，理是事之理，事即是理，理是玄远之理论，事即活生生的现实生活。王阳明判父子争讼既是事，又是理，韩贞向野老说"良心"，将"不可道"之"常道"，以生活之事说出来，让野老恍然大悟。我们力求用百姓的语言讲出玄远之理，实现玄远之理与百姓日常生活的有机相融，无缝对接。

中华文化不离人伦日用，道就在人伦日用之中。人伦日用即生活，生活即人伦日用。离开人伦日用就没有生活，离开生活就不是人伦日用。面对全球化大潮，中华文化要薪火相传，代代相守，不过前提是可传、能传，可守、能守。何为可传、可守？我们认为关键是其能否落实为"人伦日用"，在当代人的生活中是否还有其用，这里的"用"就是价值，有用就是有价值，无用就是没有价值。修身是用，齐家是用，治国是用，平天下还是用，修、齐、治、平无不是生活，无不是用。而用首先是落实为百姓之用、大众之用。本着这一原则，本套丛书分别从中华文化与民族精神、儒家文化、道家与道教、修身为本、教子有方、齐家有道、生活礼仪、邻里和睦、乡规民约等方面切入，既让大家了解中华传统文化的基础知识，感悟中华文化的博大精深、源远流长，又能从古圣先贤那里学到做人的道理、生活的智慧等。

本套丛书的整体设计、写作思路是凝结编委会成员及众多学者的智慧而成的，而每一分册，甚至每一章、每一个标题都经过了大家反复讨论，多次论证，都渗透着众多学者的心血。由于我们长期从事学术研究，已经习惯于写作学术专著与学术论文，深知为文之艰难，而将学术成果转化为大众可亲近、可接受、读得懂且愿意读的作品更非易事。我们相信，中华文化的传承与发展不仅仅是少数知识精英的名山事业，更是中华民族每一分子的责任承担。文化只有走进寻常百姓之家，只有化为大众的生活方式与精神追求，才能滋养文化永续生长的丰厚而肥沃的土壤，中华文化的薪火相传、代代相守、推陈出新、与时俱进，才能有客观保证。

由于我们学识所限，本套丛书肯定存在着这样或那样的不足，甚至是错误，竭诚欢迎方家予以指正为盼，以利我们下一步的修正与提高。

颜炳罡

2017年2月18日

目　录

前　言

俗话说,不依规矩,难成方圆。家有家法,村有村规。如果人人都不遵循交通规章,我们就会寸步难行。同理,如果一个家一个村,没了制度的约束,整个家整个村也就很难和谐有序。村规民约就是咱村民行为处事的规矩。它又叫乡规民约,由"乡(村)规"和"民约"两部分构成。所谓"乡(村)规"是对乡村社会的管理制度,所谓"民约"是生活在乡村社会里的乡(村)民对自己生产、生活、生态行为的自我约定,这些约定体现为婚丧嫁娶、人际交往、生产互助、生态保护等方面的一些日常习俗。概而言之,乡(村)规民约就是村民为实现自己所生活的乡村和谐美丽而共同自愿约定的一套行为规范、制度。

其实,"乡(村)规民约"对今天的村民来讲,并不是一件陌生的东西。据2002年民政部统计,全国80%以上的村制定了村民自治章程或村规民约。然而,虽然从数量上看比例很高,可从功能上说,村规民约在今天乡村治理上所发挥的作用并不突出,已经沦为写在纸上、发在网上、挂在墙上的"形式"。所以问题的关键不在于乡规民约有没有、要不要,而在于乡规民约对当下乡村治理究竟还有何作为。

我国作为一个农业大国,农业、农村和农民问题,始终是我国革命、建设的根本问题。农业是国民经济和社会发展的基础,农村稳定是整个社会稳定的基础。习近平总书记讲："小康不小康,关键看老乡。"今天全面建设小康社会的重点和难点也在农村。随着城镇化推进,城乡越来越一体化,2011年,中国城镇人口首次超过农村人口,占比达51.27%。乡村这个基层社会单位正在消失,逐渐被城市化的"社区"所代替。

在城乡一体化进程中,我国乡村社会开始了由传统向现代的逐步转型,农村的社会结构、利益格局、组织体系、生活方式、价值观念等各方面都发生了很大变化,作为国家治理基础环节的乡村治理工作产生了诸多难题。在2013年12月的中央城镇化工作会议上,习总书记指出:"城镇建设,要体现尊重自然、顺应自然、天人合一的理念,依托现有山水脉络等独特风光,让城市融入大自然,让居民望得见山、看得见水、记得住乡愁。"党和政府向我们坚定地表明,我们要的是"留得住绿水青山,系得住乡愁"的城镇化,绝不是牺牲乡村生态、扼杀乡愁的城镇化。

如何破解这些乡村治理难题,真正实现"留得住绿水青山,系得住乡愁"？习总书记在2014年10月的中共中央政治局第十八次集中学习会上,指出:"要治理好今天的中国,需要对我国历史和传统文化有深入了解,也需要对我国古代治国理政的探索和智慧进行积极总结。"的确,在我们民族源远流长的优秀传统文化之中,有着丰富的值得我们充分汲取的治理智慧。如果我们到过北京故宫,就会有这样的感受:一方面是像乾清宫、坤宁宫所体现的那种皇权可配天地的神圣威严,另一方面还有像保和殿、中和殿与太和殿所体现的那种对和谐有序之治理生态的崇尚。

其实,我们不仅能够在象征皇权的故宫中,领略推重和谐治理生态的中国传统治理文化,就是在那些至今仍留存的沉淀着我们乡村记忆的碑刻、匾额等古迹中,像安徽桐城的"六尺巷"、山东聊城的"仁义胡同"等这些闻名遐迩的遗迹,也能让我们走近传统乡村治理文化,体会那种带有浓浓乡情的和谐治理生态。在山东古村落代表之一的章丘文祖镇三德范村，就有个老巷子，叫辛庄巷，巷口两头建有石门。在西巷口石门门额上刻有"人和"两个大字，楷书字体，浑厚自然。"人和"右侧写着"同治七年三月立"，左侧写着"历下毛鸿宾书"。毛鸿宾曾任清朝两广总督，位高权重，为官清明。他为何要为这样一座小村庄题字？原因虽是众说纷纭，不得而知，但所写的"人和"一词，却充分体现着传统乡村治理文化所要追求的治理目标。

可见，在传统中国不管是在庙堂，还是在乡间，都追求构建一种和谐有序的良性治理生态。为实现这种和谐治理生态，早在周朝初年，以周公为首的西周治理集团就鉴于夏、商两代政权因专任刑罚而相继被推翻的历史教训，确立了"敬德保民"和"明德慎罚"的治理思想，重视用"德"和"礼"对民众进行教化，《周礼·地官》就曾记载过一个叫"十二教"①的教化制度。据《地官》记载，在周代，当时的州长、党正、族师、闾胥等下级乡官，都同时负有行政和教化两重职责。他们在完成各自所执掌的政务外，还要按照上级的要求和部署，在规定的时间内，安排民众读法，以实现"考其德行道艺而劝之，以纠其过恶而戒之"的教化目的。《周礼·地官》所载的"读法之典"活动，就是要以读法告知民众行为规范，区分善恶，从思想上对乡民进行教化。

---

① 该制度主张可以将天下的土地分为山林、川泽、丘陵、坟衍、原隰五类，再根据这五类不同地理环境所形成的人们不同生活习性，而实施十二个方面的教化。一是用祭祀之礼教民敬畏，让百姓做事不能马虎随便；二是用乡射礼、乡饮酒礼之类的阳礼教民谦让，民众就不会相互争抢；三是用婚礼之类的阴礼教民相亲相爱，民众就不会相互怨恨；四是用乐教民和睦，民众就不会乖张暴戾；五是用礼仪来辨别上下尊卑等级，民众就不会僭越职分；六是用习俗教民安居乐业，民众就不会得过且过；七是用刑法教民遵守礼法，民众就不会滋生暴乱；八是用誓戒教民体恤，人民就不会自私懈怠；九是用制度教民节制，民众就会知足节俭；十是用世间技艺之事教民技能，民众就不会失业游闲；十一是根据贤能颁授爵位，民众就会谨慎修德；十二是根据功绩制定俸禄，民众就会致力于建立功业。

儒家创始人孔子秉承着周初以来敬德尚礼的教化传统,他曾说:"周监于二代,郁郁乎文哉! 吾从周。"(《论语·八佾》)在《论语·为政》篇中,他列举了两种治理方式:一种是"道之以政,齐之以刑",就是用政令和刑罚治理民众。就像我们今天用刑罚处理酒后驾驶,最初大家之所以不再酒驾只是因为害怕被处罚,并没有升华为对酒驾行为文明不文明的内在自觉,孔子称之为"免而无耻",意思是说虽然不敢违背这些政令,但内心并没有生成一旦违背就涌起的一种羞耻心。

另外,还有种治理方式叫"道之以德,齐之以礼",要求治理者先修己再治人,用德、礼教民,实现让民众形成文明行为的自觉。在孔子看来,用"德"和"礼"教化,比用刑罚和政令强制民众的效果好得多,因为这种治理能够让民众形成行为文明的自觉。譬如,与处理酒驾行为不同,如果我们处理民众随地吐痰、在公共场合吸烟、在公共场合大声说话等行为,就不是用刑罚和政令强制,而是用道德和礼义教化,让民众意识到自己的行为是文明还是不文明,一旦发生这些违德悖礼的行为,内心就会涌起羞耻感,会觉得不好意思,孔子称这为"有耻且格",意思是说一旦有了内在不好意思感就会自动革除、纠正让自己行为失当的念头。显然,如果人人都能"有耻且格",养成文明行为的自觉,那么人人就会安分守己,整个社会也就能实现一个"君君、臣臣、父父、子子"的尊卑有序、一体和谐的治理生态。由此,孔子坚决反对那种对民众不实施教化而专任刑罚、一味压制的治理方式,他认为这是暴君实施的虐政,《论语·尧曰》就指出"不教而杀谓之虐"。

既然儒家注重以教化的方式构建和谐治理生态,其中"德""礼"是儒家实施教化的主要内容,那么由谁来实施这种教化呢? 随着大秦帝国统一六国,传统中国进入了一个中央集权的帝国时代,儒家逐渐被政治化,到了汉武帝时代便拥有了"独尊"的地位。即使被政治化的儒家,也不认同法家"以法为教,以吏为师"的治理方式,认为"吏"虽是政治权位的拥有者,但并不一定拥有能够高尚其人格的伦理德性,所以其没有教化民众的资格,主张只有圣贤、君子才能实施教化。与法家说的"吏"不同,圣贤、君子都是儒家所追求的拥有完美道德人格的象征,他们都是作为那个贯穿礼乐制度之中的人文德性精神之"道"的化身。这个体现人文德性精神的"道"就是儒家所提倡的"以德服人"的"王道"。同法家提倡的偏重政治权力的"以力服人"的"霸道"不同,这一"王道"更多为即使没有现实政治权力也能践行的士人阶层所倡行。像儒家创始人孔子,就被称之为"素王",意思是指一位没有现实王位的"王道"践行者。后来传统士人阶层为了更好地继承这一"王道",他们构建了一个"王道"递相传承的谱系,叫"道统"。这一"道统"的意义并不在于是否合乎历史事实,而在于其本身对有权位者的治理行为有着一种制约、规范功能。

费孝通先生在《中国绅士》一书中,从社会治理角度解读了"道统"文化与中国绅士的关系,认为:"在中国传统社会里,道统观念的发展是由于已经出现了一种新型的人,学者—知识分子,他们被排除于政局之外,但还拥有社会威望。因为他们没有政治权力,这样的人就不可能决定政治问题。但他可以发表自己的意见,制定其原则,发生实际影响。这样的人并不试图按照他们自己的利益来控制政治权力,而是提出了一系列伦理原则来限制政权的力量。他们所发展的道统体系被绅士接受,并作为其政治活动的规范。"①费先生这里所说的"绅士""学者—知识分子"都是中国传统士人阶层的成员,也都是中国传统社会精英的代表,

① 费孝通:《中国绅士》,中国社会科学出版社2006年版,第16页。

他们始终有着一种要做贤者的自觉。

为了更好地成为继承和践行王道之统的贤者，中国传统士人都推崇伦理德性，不断以伦理德性规范自己，让自己成为道德人格的典范。就像孔子在《论语·颜渊》篇所讲的"君子之德风，小人之德草。草上之风，必偃"，认为普通民众就像随风倒伏的草，美德君子的行为如何引领，他们也跟着如何行为。这样作为治理者的美德君子与被治理的普通民众之间就不再是杀与被杀、罚与被罚的对抗关系，而是"子欲善而民善矣"的和谐共善关系。君子这种引领作用体现在中国传统乡村治理上，就有了乡贤文化。像绅士这些有着"希贤"自觉的社会精英，一旦从事乡村治理，其自身就有了地缘因素，成为乡村社会中本乡本土的精英，被称为乡贤。乡规民约就是一种由传统乡贤引领乡民接受教化以实现乡村和谐治理的规约，它体现着一种植根于传统治理文化中的乡贤文化。

在中国传统社会里，虽然政治权力集中于皇帝一人，但是在一些具体社会治理中，皇权很难事事掌控，尤其是对广袤的乡村社会。古代有个"皇权不下县"的说法，这种说法表明了皇权对传统中国乡村社会治理影响的有限性。在这种情形下，这些在乡村社会中的乡贤发挥着充当上层治理者与下层被治理者调解人的功能。他们一方面是上层政权的维护者，而不是对抗者；另一方面又本乡本土，同乡民们还有着共同利益，可以成为乡民利益的代言人。这些没有权位的乡贤虽然不能直接决定国家对乡村治理政策的制定，但依然可以凭借自己的社会威望，根据儒家的王道精神提出一些具体治理意见和原则，指导乡民去制定和实施有助于自治的乡规民约，并借助乡规民约以自己道德榜样的力量和践行乡约示范的效应教化民众，让民众形成积极参与乡村治理的自觉，从而为国家治理政策在乡村的现实生活中具体实施，营造出一种良好的治理生态。可见，传统乡规民约体现着一种为乡贤所引领的、以教化方式构建良性治理生态的治理文化。

如何吸取这种文化为今天的乡村治理所用？有一个成语叫"爱礼存羊"，出自《论语·八佾》篇，讲了这样一个故事：周代曾经有个告朔之礼。这个礼是说天子常在季冬颁布来年十二个月的朔政（即历法，包括每个月当行的政令）于诸侯，诸侯接受这个朔政后要藏之祖庙，在每个月的朔日（即初一），去自己的祖庙行祭告礼，而后颁布这个月的历法和当行政令。这个祭告礼本来需要杀一只活羊作为牺牲，但到子贡做鲁国相辅的时候，每月初一，鲁君不但不亲临祖庙，也不听政，只是杀一只活羊敷衍了事。于是，注重实效的子贡做了个大胆改革，把这个杀活羊的行为也取消了。孔子听了这个事情之后，就批评子贡说："尔爱其羊，我爱其礼！"在孔子看来，虽然告朔这个体现诸侯听政天子的礼仪制度已经形同虚设了，但其形式还有保留的必要。因为一旦后世有恢复这个礼制的机缘，就可以继续薪火相传；但如果去掉了形式，就像把柴去了，火就再也无法朝下传递了。

总的说来，乡规民约体现着一个源远流长的关乎传统乡村如何治理的文化，这个治理文化是一种为乡贤所引领的、以教化促进乡民实现自治、以自治建设良性治理生态的文化。这个治理文化就像代代相传的火花，今天咱们村民所熟知的乡（村）规民约则是能够传递这种火花的柴薪。如同孔子要保留那只形式化的羊，今天已被形式化的乡（村）规民约也需要被保留，但留住的不再是空洞的形式，而是要着力解决：如何开显乡（村）规民约所体现的传统优秀治理文化？在实现乡村"富而美"的共同愿景中，如何发挥乡（村）规民约对乡村治理的积极效能？

第一章 村民自治，古已有之——乡规民约的由来

"村民自治"制度受宪法保护，我国1982年《宪法》第111条，就规定："村民委员会是基层群众自治性组织。"村民自治是广大农民群众直接行使民主权利，依法办理自己的事情，创造自己的幸福生活，实行自我管理、自我教育、自我服务的一项基本社会政治制度。其实，村民自治作为一种基层民众对基层社会的治理制度，并不是现代社会所独有的，早在一千多年前的宋初的关中大地，就已经萌生。那时的自治是借助了一种叫"乡规民约"（简称"乡约"）的组织及制度实现的。这个"乡约"叫《（蓝田）吕氏乡约》，由宋代关学的主要代表人物蓝田"四吕"（吕大忠、吕大钧、吕大临、吕大防）之一的吕大钧制定和实施。

一、什么是乡规民约

人们往往认为"乡规民约"即为"乡约"。《中国大百科全书·社会学卷》中就将乡规民约等同于乡约，认为："中国基层社会组织中社会成员共同制定的一种社会行为规范，又称乡约。"另《辞海》将"乡约"解释为"同乡人共同遵守的规约"，可谓言简意赅，一语中的。

说起"乡约"这个名词本身，可有三种含义。一是指乡村自治的规

则、制度,二是指乡村自治的组织,第三,在中国传统基层治理结构中,"乡约"还是行使公务的个人身份象征。乡约制度是在乡约首事的主持下推广使用、开展活动的,乡约首事一般被称为乡约长、约正等,有时也称"乡约",这种情况下,乡约实际上就是一种职位了。在明、清时期,"乡约"曾是当时的"乡中小吏"。在陈忠实先生所著的《白鹿原》中,鹿家执事鹿子霖就被称为"鹿乡约",因为鹿家无法当白鹿原的族长,所以他经常以这个"乡约"身份,同白家执事白嘉轩由世袭而来的"族长"身份抗衡。但白鹿原作为制度的乡约却由白嘉轩主持制定和实施。本书用的"乡约"一词的含义更偏重于前两个,即规则、制度义和组织义。

除了"乡约"这个名词在传统文献中的三种含义,还有这样一个问题:如果我们面对一个规则、制度,能不能判断出它就是"乡规民约"?那么判断其为乡规民约的依据应该是什么? 具体来讲,"乡约"的成立有着下面三层依据。

1.乡村治理的组织和制度

"治理"一词是指统治、管理的意思。早在先秦,《荀子·君道》篇中就用了"治理"一词,称:"明分职,序事业,材技官能,莫不治理,则公道达而私门塞矣,公义明而私事息矣。"意思是说,如果一个治理者能够明确名分职责,根据事情轻重缓急来安排工作,聘用有技术的人做事,任命有才能的人当官,这样就没有什么得不到治理的了,为公家效劳的道路就畅通了,而谋私利的门径就被堵住了;公平正义的原则就昌明了,而徇私枉法的事情就止息了。可见,荀子所说的"治理"体现了一种通过处理好公私关系实现对公共事务有效管理的意思。简言之,治理是对公共事务的公平、有效管理,以支配、影响和调控社会。

乡村是乡村治理所给定了的治理场域。何谓乡村？我们经常用乡村、农村两个词，大致说来，两个词相近，但也有些不同。乡村与农村具有很大的重合性，农村是乡村的主体，乡村地区的绝大部分是农村地区。但是，二者作为概念，内涵还存在一定区别。乡村是与城市相对照而言的，农村是与工商业相对照而言的。农村是一个产业区域概念，指的是以农业为基本产业的地区。乡村是一个管理区域概念，指的是乡政权管理的地区。不管乡村和农村这两个概念内涵有什么区别，乡村社会、农村社会都可以理解成我国传统和现代社会中的基层社会。它是以家庭为单位，以村为中坚，而以集镇区为其范围的基层社会。一个完整的乡（农）村社会须包括一群农民家庭、数个至十余个的村、一个集镇以及集镇与其周围各村所形成的集镇区。既然治理是对公共事务的管理，那么乡村治理就是性质不同的各种组织，通过一定的制度机制共同把乡级以下的基层社会的公共事务管理好，从而实现乡村社会和谐有序地发展。

其实，传统的乡规民约所构建的就是一套关于乡村社会的治理机制。以历史上第一部成文的《吕氏乡约》为例，这个乡约本身就是中国宋代乡村治理的典范。这一乡约文本和乡约组织之所以出现，是同当时宋王朝所面临的基层社会治理危机密不可分的。大家都熟悉王安石变法这个历史事件，王安石之所以进行变法就是因为当时宋王朝在国家和社会层面陷入了治理危机，说起这个危机一般用"内忧外患"这个词概括。所谓"内忧"是说当时国家财政的亏空迫使政府不断增加赋税，除了缴纳名正言顺的"两税"之外，还有各种名目繁多的苛捐杂税，给民众造成沉重负担，加之连年战事和频繁的自然灾害，百姓苦难，各地怨声不断。乡民没有生路，纷纷揭竿而起。所谓"外患"是说外敌的侵扰给北宋政权带来巨大的生存压力。北宋建国以后，就与东北边境的契丹族和西北边境的党项族连年发生战事，由于北宋吏治腐败和军队软弱涣散，虽然耗费了巨额的财力和人力，但每每以失败告终。

庆历三年（1043年），以范仲淹为首发起的"庆历新政"，历经一年即告失败，并未改变这一严峻形势。宋神宗即位后，大宋王朝虽然表面上一派繁荣，内部已经矛盾重重，问题成堆。由于土地兼并现象严重，大批农民丧失土地，兼之富豪隐瞒土地，导致财政收入锐减，出现了财政赤字，"百年之积，惟存空簿"。面对这些危机，王安石采取了富国强兵的改革措施。按照王安石的思路，国家应当控制一切资源与民众，在他的《与马运判书》中提出"富其家者资之国，富其国者资之天下"，认为家庭的富足依赖国家的富足，国家的富足依赖天下百姓的富足。要让天下百姓富足就得让国家权力不再经过中间的利益集团，而直接面对基层民众利益。譬如"青苗法"，就是通过借贷关系将国家和基层民众直接联系在一起，这样就少了地方大族这个中间利益带，抑制了他们对基层民众利益的控制、侵夺，当然这种做法自然也就损害了他们的利益；"保甲法"也打击了宗族对民众的庇护和控制，加强了国家对民众的直接管理。然而，知易行难，事与愿违。不管是范仲淹的新政还是王安石的变法，都试图从国家治理层面解决当时的治理危机，最终都以失败告终。变法的失败，不仅伤害了地方大族的利益，而且基层民众的利益也没有得到更好维护。于是，北宋王朝依然深陷国家、社会的治理危机中。

本来儒家提倡的修身—齐家—治国—平天下，是一个自下而上的治理程序，然而王安石变法贯彻的却是自上而下的治理程序。杨开道先生指出："由上而下的政治，由上而下的运动，距离愈远，关系愈疏，监督愈难，成绩愈劣，虽鞭之长，不及马腹，奈何欲以一人之智力，数年之光阴,达到一切穷乡之僻壤。"①所以这场从京兆(类似于今天首都)开始的变法,虽不久推及全国,但下面不是敷衍塞责,就是变本加厉,结果良法变恶法,助民成害民。对于王安石变法的效果,据《历代名臣奏议》卷三百三记载,《吕氏乡约》作者吕大钧总结说:"青苗、免役,所以宽民力,而下户凋瘵日甚;平储峙钱谷所以足国用,而有司经费日窘;训齐保甲,所以禁暴,而盗贼如故;增置官局,所以革敝,而文书益烦。"也就是说,在吕氏看来,王安石变法过分倚重了国家的力量,一方面不能有效照顾到所有百姓,特别是作为"下户"的基层百姓,基层百姓生产、生活困难以及治安状况不仅没有得到缓解,反而更加陷于多灾多难多盗贼的境地;另一方面,国家自身治理能力也因此而受到减损,不但没能"革敝"反而"文书益烦",越来越形式化。

吕氏作为以治国平天下为务的宋代儒家知识分子中的一员,面对国家、社会的治理危机,秉承内圣外王信念,虽然并没有像范仲淹、王安石那种"与君王共治天下"的经世机缘,然而他们依然不忘构建一个和谐有序的王道社会的"初心",开始了另一种经世路径。为了更好解决这种自上而下变法所带来的治理危机,吕大钧开始从民间寻找应对策略。"吕氏乡约的第一个特色,是以乡为单位,而不是以县为单位。乡为社会的自然单位、基本单位。无论什么事业,都要从乡做起,才能根基稳固。"②

其一,在"制度"上,青苗法、保甲法等作为"法",也是一种规则、制度,然而这些规则、制度,都是国家层面上的,而不是乡村社会里的"乡人共守之约"。为此,吕大钧主持了制定和实施乡民们共同遵守的制度、规则,即《吕氏乡约》。其二,在"组织"上,组织可以是人们自发组成的、为

---

① 杨开道:《中国乡约制度》,商务印书馆2015年版,第70页。
② 杨开道:《中国乡约制度》,商务印书馆2015年版,第69页。

保障某些制度、规则得以顺畅实施的体系,但国家推行的保甲组织并不是人们自发的、为保障保甲法得以顺利实施的体系。为此,吕大钧又通过《吕氏乡约》指导形成了一个由乡民们自发组成的、为保障乡规民约得以顺畅实施而组成的基层组织体系。

可见,《吕氏乡约》的提出本身就是为了应对时代难题,解决国家、社会治理危机,而着力从制度、组织层面探索的一条更合理的乡村治理之路。它从形成伊始,就担负着治理乡村社会的使命。

2.由乡民作主的自我约定

《吕氏乡约》除了"以乡为单位"这个特色外,杨开道先生指出还有第二个特色,"是由人民公约,而不是由官府命令"[①]。既然村民自治体现的治理的对象和主体都是乡村,那么这就同治理主体为县、对象为乡村的县治不一样了。如果以县作为治理主体,政府可以对县进行命令,实施权威。但在乡民自治中,乡民们是治理主体,他们不是被动接受和服从上层的意志、意愿,而是可以通过缔结公约充分体现和捍卫自己的意志、意愿,政府就不能罔顾乡民们的意愿、意志而一味命令,而须要在尊重和维护乡民们的意愿、意志基础上实施自己的政治权威。

在乡规民约制定和实施过程中,存在着一个上层政权自上而下和基层社会自下而上的两种自治之间的矛盾。在《吕氏乡约》制定伊始,就展露了这种矛盾。《乡约》作者吕大钧有一封很简短的给长兄吕大忠的通信,内容只有几句:"乡约中有绳之稍急者,诚为当。已逐施改,更从宽。其来者亦不拒,去者亦不追,固如来教。"[②]这短短几句话充分体现着

---

① 杨开道:《中国乡约制度》,商务印书馆2015年版,第70页。
② 陈俊民辑校:《蓝田吕氏遗著辑校》,中华书局1993年版,第568页。

《乡约》的自治特色:一是对违约乡民的惩罚是以他们能接受为原则,并非以道德高标为原则严厉约束他们;二是强调参与乡约的乡民完全出于自愿,"来者亦不拒,去者亦不追"。这几句也点明了乡约所实施的基层乡民自治同上层政权借助国家政令、法律规制民众的区别,即必须充分尊重、维护参与组织成员的主体意愿、意志。对于这一点,杨开道先生称之为《吕氏乡约》的第三个特色,"是局部参加,自由参加,而不是全体参加,强迫参加"①。杨先生解释说:"一个自由组织,一个局部组织,谁高兴的可以参加,不高兴的可以不参加,参加而不高兴的也可以退出,参加而不努力的并且可以革除。"②

另根据吕大钧与刘质夫(字平叔)的通信③,当时社会舆论对《吕氏乡约》的责备主要来自两个方面:一个是"不顺",另一个是"不恭"。所谓不顺,主要指责乡约"强人之所不能";所谓不恭,主要指责乡约"非上所令而辄行之"。用现代话来说,前者是对《乡约》的自律性有怀疑,后者是对《乡约》的自主性有戒备。吕大钧向刘质夫解释说:其一,乡约并非强人所不能,而是顺应人们修德立业的愿望勉励上进。"动作由礼,皆人所愿。虽力不中勉,莫不爱慕。今就其好恶,使之相劝相规而已,安有强所不能者乎?"其二,乡约并非与朝廷相对立,而是根据"主旋律"激发民间善行。国家禁止、百姓反感的,是"聚萃群小,任侠奸利,害于州里,挠于官府之类"。乡约倡导尊礼正俗,互帮互助,完全符合国家政教和儒学道义。只是对"惰而不修""厚薄失度"的偏差,参酌贫富所宜,予以矫正,使礼义不致荒废。乡约的内容也没有异常之处,就像庠序有学规、市井有行条、村野有社案一样。

---

① 杨开道:《中国乡约制度》,商务印书馆2015年版,第71页。
② 杨开道:《中国乡约制度》,商务印书馆2015年版,第72页。
③ 陈俊民辑校:《蓝田吕氏遗著辑校》,中华书局1993年版,第569—570页。

吕氏在这些通信中对自己推行的乡约制度、组织所做的澄清表明：乡约是一种能够充分体现和捍卫乡民们意愿、意志的一种自治制度、组织，其本身并不是要同政府的命令、权威对抗，反而是为了更好地让乡民们自觉、自愿地贯彻政府命令、维护政府权威。吕大钧认为之所以出现上层规制和下层自治矛盾，其关键在于究竟是选择一种尊重、维护下层民众意愿、意志的自下而上的治理路径，还是选择一种罔顾甚至是拂逆下层民众意愿、意志的自上而下的治理路径。就像小朋友因为在外面惹了事，回家后被家长打屁股，家长一边打一边说："为了你好。"其实，如果真是为了小朋友好，就首先帮助他先搞清他为什么错了、错到什么程度、应该受什么惩罚，让他心服口服受罚，这才是对他意志、意愿的一种尊重和维护。如果不管这些，只是粗暴地惩罚，那就会让他还是不清楚自己错在哪里。同样被打屁股，自己因为意识到错误而自愿选择被打和只是被打，两者效果不一样。前者体现出"王道"治理色彩，后者则显现为"霸道"治理特点。

　　吕大钧的高明之处，就在于他并没有挑战自上而下的上层政权规制乡村的道路，只是重视能够从尊重、维护下层民众意愿、意志出发，创建一个良好治理生态来实施对传统乡村的治理。对于《吕氏乡约》坚持以基层自治化解国家、社会治理危机的做法，政治学家萧公权给予其极高评价："《吕氏乡约》于君政官治之外别立乡人自治之团体，尤为空前之创制。乡约以德业相劝，过失相规，礼俗相交，患难相恤四事为目的。约众公推'约正'以行赏善罚恶之事。此种组织不仅秦汉以来所未有，即明初'粮长''老人'制度之精神亦与之大异。盖宋、明乡官、地保之职务不过辅官以治民，其选任由于政府，其组织出于命令，与乡约之自动自选自治者显不同科也。"①

3.一种成文的"民间法"

除了上述三个特色以外,杨开道先生还指出了《吕氏乡约》的第四个特色,"是成文法则"②。乡村社会本来是个相熟的亲密社会,不需要签订文字契约,口头约定就可以了。至于生产、生活的事宜,一般都遵照一定的成规习俗,这些成规习俗都是世代相续、口耳相传,也无须见诸文字、诉诸契约。然而这种依靠口耳相传的成规习俗,不利于仿行和持久,"一村之间还可以口头相传,世代相守;十村、百村、千村、万村之间,便不能不有比较具体的法则,成文的法则"③。乡约鼻祖《吕氏乡约》就不再是传统那种口耳相传的成规习俗,即使内容还体现着一套成规习俗,但形式则是乡民主持制定的成文法则。既然乡规民约作为一种传统乡民在民主协商基础上对乡村社会的生产、生活等公共事务进行的一种自我管理、自我教育、自我服务的一套成文的规则、制度,那么其与同样作为一套治理国家、社会的成文规则、制度的国家法到底有什么不同?

首先我们要明晰国家法和民间法两个概念。一般说来,国家法是指由国家创设并提供外在强制力来保证实施的行为制度。在我国,国家法律体系由宪法及宪法相关法、民商法、行政法、经济法、社会法、刑法、诉讼法和非诉讼法等法律部门构成。民间法则是相对于国家法而言的,是民间生成的维护民间社会秩序的,是在"国家"之下生长起来的规则、制度。

譬如,男女平等是我国政府一贯提倡的基本国策,《中华人民共和

---

① 萧公权:《中国政治思想史》,辽宁教育出版社1998年版,第496页。
② 杨开道:《中国乡约制度》,商务印书馆2015年版,第72页。
③ 杨开道:《中国乡约制度》,商务印书馆2015年版,第73页。

国宪法》第48条明确规定，"中华人民共和国妇女在政治的、经济的、文化的、社会的和家庭的生活等各方面享有同男子平等权利"。然而，今天有的村规民约这样规定宅基地划分：只有儿子户或有子有女户，以儿子的人数划定宅基地；若只有女儿户，不论有几个女儿，都只能划一套宅基地；新出生的男、女孩，男孩能享受村民一切待遇，女孩则分不到土地、宅基地。据调查，在第二轮土地承包中没有分配到土地的，有相当一部分是结婚后户口落成"空户"的妇女。显然，这些村庄所遵循的制度不是"国家法"，而是在"国家"以外生长起来的规则、制度，即民间法。

如果从狭义"法"的角度，显然民间法并不是真正的"法"，它只是在"法"之外存于民间的一种社会规则、制度，是民间社会的行为规范。按照现代社会治理理论，由国家立法机构按照一定的立法程序制定、被司法机关强制执行的法规条文，能够体现国家、政府的规制意志，是国家法。这种依靠国家、政府强制力推行的国家法被称为"硬法"。除了"硬法"以外，治理社会的还有些称为"活法"的制度，民间法就是这些"活的法律"。

现代西方法社会学理论认为，在历史上，法先于国家出现。在现代，国家制定和执行的法律条文（即"硬法"）仅仅是法的一小部分，与法律条文相对应的是"活法"。不管是"硬法"还是"活法"，作为规则、制度，从社会效果和价值上，都是对这些规则、制度所联合成的内在秩序的维系。在这些规则、制度维护内在秩序过程中，它们支配着社会生活，都起着维护社会秩序的实际效果。从维护社会秩序的实际效果上看，道德制度、宗教规范、伦理、习俗都发挥着重要作用，它们也可以作为广义的法。这些广义的法都可以称为"活法"。

显然，传统的乡约和今天的村规民约都属于民间法，也都是这种"活法"。相对于国家法,乡规民约体现的是一定地域或范围内民众的意愿、意志,具有比较强的地域性和适应性;乡规民约不一定表现为规范性条文,不具有国家强制性,却富有相当的灵活性,比作为"硬法"的国家法更灵活,更容易适应发展变化中的社会治理环境。国家法理论上具有普适性,但是否真的"普适",还要具体问题具体分析。现实告诉我们,总有些情境下,民间法比国家法更具有适应性。国家法能够形成正式制度的大环境,而民间法则能从微观的层面对地方社会秩序进行调整,基于其本身的逻辑实现社会治理,并为国家法提供非正式制度渊源。国家法与民间法存在着一种互动关系:国家法借民间法而落其根、坐其实;民间法借国家法而显其华、壮其声。总之,社会秩序的维护需要国家法与民间法相辅而成。

鉴于国家法与民间法这种互动关系,在现实治理中,一方面要重视乡规民约维护乡村社会秩序的功能,乡规民约一般能够从社会治安、村风民俗、乡邻关系、婚姻家庭、环境保护等方面为乡民提供规范,调整乡民的生活,其内容更微观、更具体、更实用。虽然没有国家法体现出的权威性和强制力,但乡规民约依然能够以其规范性发挥制度作用,成为生活中的"法"。另一方面也要意识到乡规民约的局限,首先它应在国家法的大环境中发挥自身作用,不能和国家法发生冲突,其次乡规民约还有其一定限度的对人、对事、对地的效力范围。

另外,乡规民约与共同作为民间法组成部分的习惯法、家法族规等既有联系又有区别。习惯法主要是一套地方性规范,是在村民长期生活与劳作过程中逐渐形成的,被用来分配村民之间的权利、义务,调整和解决他们之间的利益冲突。乡规民约与习惯法是种与属的关系,乡规民约是习惯法的一种,生长于民间的法律有各种各样的形态,包括宗教法、行会法和习惯法等,总体而言都靠近于习惯,因此习惯法可以被广义地理解为涵盖所有生长于民间的各种各样的法律形态。这种风俗习惯更多是靠相关主体对该"规范"的普遍认可,靠感情、良好的心理认同和价值利益取向的共同性以及社会舆论来支持。尽管在实践中,也不乏通过一定的说服、教育机制"教"人们如何形成习惯权利的情形,但是这和教育人们行使法定权利时的情形明显不同。

传统乡规民约是在乡贤引领下、乡民民主协商下以及上层官方指导下制定,并通过成文的规范形式表达出来,所以其必然体现着乡贤这些精英加工的痕迹,与人们日常生活之间形成了某种"文字距离"。由于这种距离的克服非经过教育不可,所以它显然不同于与人们日常生活"无距离"的习惯法。习惯法作为一种体现"草根性"习惯权利的民间规范,与乡贤引领下的在民主协商基础之上以及上层权力组织指导下而制定的乡规民约之间,还有着一定区别。

家法族规早在法律产生之前的原始社会末期,就已经有了雏形。在我国,从宋代开始,宗族组织在基层社会普遍建立,宗族法的制定蔚然成风。随着家族文化与传统儒家文化的融合,传统家族的族权掌握在族长、祠堂和家中长者的手中,为了使自己的权力"合法化",以便更好地操控族众,掌权者制定了家族的法律,将族权合法化、系统化,族长成为大家族的"法官"。此外,在封建社会,统治阶级的统治力量很难渗透到乡村这一最基层社会,官府通过对家法族规的鼓励也保证了基层社会单元的稳定,家法族规成为被官方默认的法外之治。

习惯法大体上是一种自发的村民制度系统,往往通过村民们的口耳相传和行为操守而得以公布、贯彻和落实,它是真正意义上的"行动中的法";而家法族规则是由家族内部的知识阶层有目的制定,因此家族法往往具有"秘密"的、不公开的性质。与上述两者相比,乡规民约具有形式上的成文性、范围上的公开性和制定的民主性等不同特征。

总之,如果我们面对一个规则、制度,判断它就是"乡规民约",主要依据有三条:一是看它涉及的内容是不是乡村治理问题,二是看它生成的方式是不是村民的自我约定,三是看它作用的机制是不是成文的民间法。

二、乡规民约的生成

乡约自成立伊始,就以一个组织面目出现。乡规民约作为一种由"乡约"这个组织制定和实施的、有关乡村社会治理的制度,一方面正是基于这个规约制度对乡村社会所做的治理规范,才让传统乡民们形成了这样一个自治组织;另一方面也正是为了引领乡民对乡村进行更规范地自治,才有了乡规民约。总之,乡规民约作为一种规范、制度,同作为一种治理组织之间,如同手掌的正反两面。

1. 乡村治理的经世理想

明末东林党人有一副楹联:"风声雨声读书声声声入耳,家事国事天下事事事关心。"不仅东林党人,从古到今的读书人身上,都涌动着一种"以天下为己任"的情怀。这种"以天下为己任"情怀可以上溯至先秦孔、孟,譬如孔子要"知其不可而为之"、孟子称"当今之世,舍我其谁",都充分体现着传统读书人的经世担当。这种担当到了宋代进一步被强化,因为赵宋王朝为了巩固政权,对士大夫礼待有加,立下"不杀大臣及言事官"的家法,为宋代士人在政治上的活动提供了宽松的氛围。这一时期士人像范仲淹那样怀具着"先天之忧而忧，后天下之乐而乐"的情怀，渴望得君行道，以经纬天地、平治天下。

到北宋中期，读书人经世理想有了朝现实实践转化的机缘：一是思想文化上，士大夫已经根据他们理想中的三代之治，发展出了一套内圣与外王互相支援的儒学系统，使儒学从议论转成实践；二是政治实践上，有了与君王共治天下这一千载难逢的良机。这一时期，儒家知识分子呼吁重建合理的人间秩序。熙宁之初，儒学在重建秩序方面分为两派，即王安石和司马光各自为首的两大集团。虽然两者在政治主张上有改革与保守之分，但是，这一时期知识分子积极参与政治、参与社会建设的使命感却是如出一辙。

另外，自宋以来，除了王安石和司马光等人在国家层面经世实践以外，面对着地权高度分散和高度流转，银本位制上升，社会的高度流动和分化等问题，宋代士人也开始关注了乡村治理工作。《吕氏乡约》作者的老师张载，就是北宋历史上第一个提出乡村组织重建的儒者。张载是北宋著名的理学家，他与周敦颐、二程兄弟、邵雍都是北宋理学的主要代表人物，与他们一道被称为"北宋五子"。相比于周敦颐、二程的专讲性理之学，张载开创了注重实践的"关学"风尚，被人称为"学古力行，为关中士人宗师"（《宋史·道学传》）。这种力行涉及两个方面：

一是在重建秩序的路径上，张载主张从对乡村进行组织化建设开始。为此，他在《经学理窟·宗法》篇提出要重建宗族，让人们在宗族中恢复仁爱团结的精神，扭转社会的风俗。在此基础上，对国家政权的稳定也有好处，他说："公卿各保其家，忠义岂有不立。忠义既立，朝廷之本岂有不固！"也就是说，同姓小家庭联合起来的新家族，既可以加强家族的力量，也充当了国家稳定的基础。

二是在重建宗族的方式上，张载在《宗法》篇中主张"立宗子法"。他认为家长是中国社会权威的唯一来源。按照中国传统社会结构的布局，上是皇帝，下是直接对皇帝负责的各级官吏，真正根植于底层社会的权威荡然无存。所以，要组成一个大的共同体，必须有共同体内的权威。在张载看来，这种权威就是宗子，但他立宗子的方式却有所变通，他放宽了选择的标准，不再是嫡长子制，而是嫡长、仕宦和德行择优兼选。提出"长者至微贱不立，其间一子仕宦，则更不问长少，须是士人承祭祀"，并且"宗子不善，则别择其次贤者立之"。张载这一主张的影响一直延续到明清时期，乡村士绅阶层由于符合仕宦、德行的标准，逐渐成为地方领袖，来支配家族、乡村的各项事务。

显然，张载关于社会治理的新构想是奠基于基层社会的自我组织、自我管理上，并以家族的整合作为社会整合的起点，采取自下而上的方式建构社会秩序。他第一次突破了传统儒家的限制，让百姓、乡民都有了立祠堂的权力。还简化了家祭的礼仪，《经学理窟·祭祀》篇提出"凡人家正厅，似所谓庙也，犹天子之受正朔之殿。人不可常居，以为祭祀"，这种家祭之礼因为很好地适应了下层民众有限的经济实力，所以得到广泛推行。

并且张载将他的宗族社会理念进一步提升至宇宙层面，在他的名作《西铭》篇中，提出了一个"民胞物与"的社会理想，指出："乾称父，坤称母。予兹藐焉，乃混然中处。故天地之塞，吾其体。天地之帅，吾其性。民吾同胞，物吾与也。"认为整个社会、整个宇宙都是一个扩大了的家庭。宇宙和人之间的关系是父母子女的关系，君臣之间、臣民之间的关系如同家庭中的兄弟关系。君王应是同胞中的贤者，并不是高高在上的统治者。百姓要如对待兄长一般尊敬君王，君王也应该视百姓为需要扶助、需要疼爱的胞弟。即使那些残疾孤寡的弱势群体，也是我们的同胞弟兄，应该受到很好的照料。并且生养我们的自然万物，还是我们友好的伙伴，不能任意毁坏、扔弃。总之，我们栖居的整个宇宙社会是一个亲如一家的生命共同体。

可见，张载以"民胞物与"这种生命共同体的价值理念为指导，同时着眼于对宇宙和人间社会双重秩序的构建，形成了一套改造社会的操作方案，像恢复井田、重建宗族以及影响到其弟子吕氏兄弟所建立的乡约等。不过，需要说明的是，以张载为代表的宋代理学家们对社会的改造，其路径都不是从对皇权（政治权力）争夺、强化或限制入手，而是从教化民众以构建一个良好社会治理生态入手。据《历代名臣奏议》卷三百三记载，吕大钧在向皇帝历陈王安石变法教训的上书中，提出："至道之要，莫切于尧、舜之言。其言曰：'人心惟危，道心惟微。'"他认为治理天下的关键在于通过教化尧、舜等圣人之言以正人心，如果天下人都能以道心范导自己行为，那么"民胞物与"的理想社会就实现了。

据《宋史·道学传》记载，做过吕氏兄弟师傅的程颢，在为晋城令时，曾提出："民以事至邑者必告之以孝弟忠信，度乡村远近为保伍，使之力役相助、患难相恤，孤茕残废者责之亲党，使无失所，行旅出其途者，疾病皆有所养。诸乡皆有校，暇时亲召父老与之语，儿童所读书为正其句读，教者不善则为易置。俗始甚野不知为学，乃择子弟之秀者聚而教之，乡民为社会，为立科条，旌别善恶，使有劝有耻。"从这段话我们可以看出，程颢在知县任上的作为，其精神与"德业相劝，过失相规，礼俗相交，患难相恤"的《吕氏乡约》精神可谓异曲同工，特别是提倡的"乡民为社会，为立科条，旌别善恶，使有劝有耻"，简直与《吕氏乡约》同出一辙。

张载和程颢都是在儒家经世理想引领下，对乡村实施治理，他们的做法在社会乃至绅士中间是无可非议的，因为他们都还具有官方身份，即使是县令，也代表着朝廷，其对乡村治理行为就具有正当性。《吕氏乡约》的作者正由于不具官方身份，所以才受到多方非议。但也正因为如此，该乡约才难能可贵地体现出民间自治的性质。

2.相熟情谊的乡土社会

上文所讲的"民胞物与"理想，并不是纯粹理性思辨的构造物，而是对中国传统乡村社会生活状况的折射。费孝通先生的《乡土中国》曾用"乡土"这个词揭示了张载"民胞物与"价值理念生成的社会基础，他在该书中提出了一个"乡土社会"的理想模型，通过这个模型可以具体而微地把握中国传统乡村社会的特点。

在儿时的乡村生活里，经常和儿时伙伴一起去外村走亲戚，感觉他们家的亲戚就是我们家的亲戚，我们家的亲戚也是小伙伴的亲戚，我们家亲戚来了，邻居们也来寒暄询问。这种亲戚共享的乡村生活给我留下了温馨记忆。电影《天下无贼》就讲述了刘德华饰演的惯贼与王宝强饰演的傻根，两人对人情世界的不同感受。惯贼觉得火车上人与人之间就是一种狼与羊、偷与被偷的冷漠关系。傻根身上所带的打工者的血汗钱就是他要吃掉的"羊"，他无须考虑这个钱是几个打工者用命换来的，一家人都等着这个钱急用，更不要同情、怜悯打工者，所以他的心必须冷和硬。而傻根一上车就和车上人自来熟，觉得车上每个人都是亲善的，除了哥就是姐、除了大爷就是大娘，虽然邻座的姐姐一再提醒他看好自己的钱物，因为车上有贼，他仍然执迷不悟，觉得"天下无贼"。王宝强饰演的傻根所认为的人人相熟的社会就是传统乡民生活的社会。

傻根所相信的"天下无贼"的社会，就是《乡土中国》所讲的"乡土社会"。费先生认为，乡村作为中国基层社会，其社会结构可以用"乡土社会"一词概括。他指出，当我们提及乡下人的时候，常会说他们"土气"。"土气"，是因为流动性差，导致乡村社会这种不流动性的原因，主要有两方面：一是从乡民个人角度来说，他们主要的生产方式是农业，而农业生产要求从事生产的人定居在固定的地方，虽然并非绝对限制迁移，但是安土重迁、世代定居是常态，迁移是变态。二是从整个村落的角度来说，传统乡民选择了聚村而居的生活方式。虽然农业耕种活动可以导致农民个人流动性差，但就乡村群体而言，耕种活动并不是其群体不流动的原因，因为乡土社会分工的专业性并未达到需要聚集许多人居住在一起的地步。那么，这只能说明聚村而居的生活方式有农业本身以外的原因。费先生认为这些原因有四：其一，耕地面积小，所谓小农经营，住宅和农场不会距离太远；其二，农业生产需要兴修水利，住在一起，可以更加方便；其三，人多方便防卫；其四，由于土地平等继承的原则，且同村之人的土地相互接近，人口在一地方一代一代的累积，逐渐成为相当大的村落。也正是这四个方面原因，让传统乡村有了《孟子·滕文公上》所描述的"乡田同井，出入相友，守望相助，疾病相扶持"的温馨。

　　正是基于这种不流动性，使乡土社会成为一个人人、人物相互"熟悉"的社会，没有陌生人（物）的社会。费先生描述说："乡土社会在地方性的限制下成了生于斯、死于斯的社会。常态的生活是终老是乡。假如在一个村子里的人都是这样的话，在人和人的关系上也就发生了一种特色，每个孩子都是在人家眼中看着长大的，在孩子眼里周围的人也是从小就看惯的。这是一个'熟悉'的社会，没有陌生的社会。"①

---

① 费孝通：《乡土中国》，北京出版社2005年版，第6页。

在这个"熟悉社会"中，首先体现为有着一种因人际熟悉而关系亲密的"熟人社会"。在这个熟人社会中，人们因熟悉而获得信任，以人情"给予"和"亏欠"维系乡村社会秩序。《乡土中国》这样描述道："欠了别人的人情就得找一个机会加重一些去回个礼，加重一些就在使对方反欠了自己一笔人情。来来往往，维持着人和人之间的互助合作。亲密社群中既无法不互欠人情，也最怕'算账'。'算账''清算'等于绝交之谓，因为如果相互不欠人情，也就无需往来了。"①可见，这个乡土社会是充满着伦理情谊的熟人社会。按照费先生的描述，在这样一个"熟悉社会"中，除了人人之间有着浓厚的伦理情谊之外，还有对物、周围环境以及人的思维方式、行为制度等的熟悉。费先生生动地指出："不但对人，他们对物也是'熟悉'的。一个老农看见蚂蚁在搬家了，会忙着去田里开沟，他熟悉蚂蚁搬家的意义。"②

也正是基于乡土社会"熟悉"的特点，所以长期生活在这样一个社会中的人们，面对现代社会的种种刺激反应而显得迟钝就成了必然结果，也就有了"土气"一说。在乡土社会的封闭性和低流动性所形成的这种"熟悉社会"文化影响下，人们编织了有着远近亲疏的差序格局的社会关系网络。费先生指出，西方的社会结构有些像我们在田里捆柴，几根稻草束成一把，几把束成一扎，几扎束成一捆，几捆束成一挑。每一根柴在整个挑里都属于一定的捆、扎、把。每一根柴也可以找到同把、同扎、同捆的柴，清楚不乱。在整个社会里，这些基本单位就是团体。西方社会常常由若干人组成一个团体。团体是有一定界限的，谁是团体里的人，谁是团体外的人，不能模糊，一定分得清楚。在团体里的人是一伙，

---

① 费孝通:《乡土中国》，北京出版社2005年版，第106页。
② 费孝通:《乡土中国》，北京出版社2005年版，第8页。

对于团体的关系是相同的,如果同一团体中有组别或等级的分别,那也是预先规定的。但中国传统社会的格局不是一捆一捆扎得清楚的柴,而是好像把一块石头丢在水面上所发生的一圈圈推出去的波纹,每个人都是由他社会影响所推出去的圈子中心,被圈子的波纹所推及的就同他发生联系。每个人在某一时间某一地点所动用的圈子是不一定相同的。这种以每个人如同石子一般投入水中,和别人所联系成的社会关系,不像团体中的分子那样大家立在一个平面上,而是像水的波纹一般,一圈圈推出去,愈推愈远,也愈推愈薄,形成了一个有远近、亲疏的"差序格局"。

按照"差序格局"这个分析模型,在中国传统社会结构中,每个人所波及的第一个圈就是家庭圈,家庭是构成整个社会的最小单位,从家族到乡土、再到国家、天下,整个社会就是一个以每个人的"己"为中心的一个圈及一个圈逐圈衍展的同心圆。在"同心圆"型的社会结构里,儒家主张这些不同的圈并不是绝对孤立的团体,而是一个有机的整体。这个有机整体中的每个自我也不是团体中那种"原子"式自我,而是对不同圈中人和天地万物有着亲如一家式一体之爱的自我。

然而,这个一体之爱并非没有远近亲疏之"差序",而是可以超越不同关系圈之差序的一体之爱。就像孟子"恩足以及禽兽"思想,认为这种对禽兽的一体之爱,是奠基在先亲亲、再仁民、后爱物这个差序之上。当自己孩子和邻居家孩子同时遭遇到危险,父母首先保护的肯定是自己孩子,这叫"亲亲"。但这并不意味着,让自己孩子生,让别人家孩子死。将心比心,别人家孩子也被他父母亲首先保护,所以除了保护自己孩子之外,还要保护别人家孩子。如果老虎正追咬一个人,毫无疑问,大家先要赶跑老虎,救下那个人,这叫"仁民"。但这也不意味着大家可以随意杀戮老虎，因为动物、植物乃至石头，在中国古人看来都有生命，都能感应。"朗公说法，顽石点头。"这种传说都表明了天地万物与我们相互感应的一体关系，所以我们要"爱物"。

可见，张载"民胞物与"的社会理想并不是单纯的抽象思辨，而是植根于由乡土社会生成的一种对熟悉的人、物的一体之爱的真情实感之中。"民胞物与"学说呈现了一个充满温情的宇宙大家庭，其中天地为父母，所有人类不管什么种族、民族、国籍、性别和身份都是同胞，所有自然万物无论植物、动物乃至非生物都是人类的伙伴。既然儿女事亲要尽孝，同样在宇宙大家庭中，人类作为乾父坤母的子女，也要以孝事万民、天地万物。这样，人人、人物之间形成的组织就不是以自我为中心、以权利为本位的团体关系，而是一种双方生命一体相连的、以伦理情谊为本位的亲如一家的有机整体关系。由此，张载"民胞物与"构建的生命共同体理想体现的是一种生命一体的社会有机体。

这种生命一体的社会有机体贯穿的伦理情谊，一方面要讲理性，否则就不会推己及人乃至及物，无法实现亲亲、仁民、爱物；另一方面还要有情感，在践行亲亲、仁民、爱物中，始终以一体之爱作为内在动力。由此可以说，伦理情谊体现着一种调和情感与理性以减少生命中非理性干扰的情理。从情感出发，由于熟悉程度不一，有了远近亲疏之别，所以社会呈现出等差格局；从理性出发，人不能一味顺从自私自利本能，要化掉这种非理性私欲的干扰，遍爱他人和天地万物。

在这种情理型的伦理情谊影响下，作为规范乡土社会的组织、制度的乡约，一方面它虽是一种地缘组织，但与作为血缘组织的宗族相似，都不是通过权利本位聚合而成的团体，而是靠亲如一家的伦理情谊聚合而成的有机体；另一方面，它虽是一种人人自愿认同的契约，但这个约定并不是通过一种放之四海而皆准的科学理性而生成，而是以植根在"熟悉社会"的习惯经验以及适合机体社会的伦理情理而生成。

3.人生向上的教化文化

如果论科学文化知识的学习，乡里人没法同城里人相比，但乡里人也需要懂得做人的道理。小时候，在外面惹了事回家，父亲气急了要打我，邻居爷爷总爱唠叨"子不教，父之过"，我父亲就不好意思再打我了。更奇怪的是，不太识字的父亲，在调解别家纠纷时，也总爱说这句话。长大后，知道了这是儒家开蒙读物《三字经》中的一句话。与朱熹同时代的心学大师陆九渊曾经讲过这样一句话，"我虽不识一字，亦须还我堂堂的做个人"。不管是城里人还是乡里人，不管是文化程度高的人还是不认识字的人，都须做个堂堂正正的人。如何堂堂正正做个人？少不了接受老师和长辈们的教化以明白做人的道理。小时候印象很深的是，村里来的说书、唱戏的，在插科打诨时，还给村民们灌输些做人为善的道理。

在中国传统文化看来，每个人生来就禀受了一种天命所赋予的"自性"。这个"自性"本来是纯粹至善的，所以作为儒家开蒙读物的《三字经》开篇就讲"人之初，性本善"。如何持守住这个至善自性以实现我们不断自新？这是中国传统文化的重要课题：一是立制度，重教化；二是强调自救、自新。

每个人如何实现自救、自新？虽然中国传统文化没有提出一个类似于上帝这样、能够作为救赎有着原罪之自我的超越性力量的人格神，但并不是说儒家放弃了这种救赎自我的超越性力量。儒家文化没有这个外在超越的上帝，但有一个具有超越性力量的天道、天命、天德支撑。在儒家看来，天道是通过阴阳二气的不断消长，实现天地生生之德。《易传》指出："一阴一阳之谓道,继之者善也,成之者性也。"这个阴阳二气不断消长所成的天地生生之德是纯粹至善的,也是日常生活中诸多善行的最终根据。正因如此,我们每个人仁爱德性的成就都是对这个天地生生之德的继承。

另外,儒家创始人孔子,认为"性相近,习相远"。人的天性本来差不多,但后天的习性差别却越来越远,有人大奸大恶,有人成圣成贤。后来孟子提出,人一出生就拥有了四种向善的力量,即恻隐、羞恶、辞让和知是非,这四种力量让每个人都内含仁义礼智四种美德的发端。就像水拥有朝下流的本性,所以才可以成就"黄河之水天上来,奔流到海不复回""不舍昼夜"这样强大的力量,正是人生而具备的四个善端,星星之火,可以燎原,这个发端也可以成就大家至善的德性。所以,孟子认为要想成就人性的善,就要保持和扩充好四个善端。在这个意义上,孟子提出了一个复归自性的自新路径。

和孟子不同,先秦儒家思想的另一个代表荀子则提出了"化性"的思想。荀子认为人生下来即有的天性,并不是孟子所讲的四个善端,而是饿了欲食、冷了欲衣等这样的基本生理欲求,如果任由这些欲求发展,一味放纵,将会趋向于巧取豪夺,吞噬文明,沦为野蛮,让社会失序、动荡不安,所以荀子提倡要用礼法教化,让这种能够导致社会失序的自然人性之恶被化掉,生成让人能够很好明确自己如何正当行为、有效维护社会分工合作从而实现社会秩序的人性之善。荀子提倡"青出于蓝胜于蓝",认为人性虽然出于容易导致社会失序的自然属性,但依然可以被教化成维护社会秩序的善性。这个善性,是人为教化的结果,所以他认为人的德性不是复归天性,而是要化掉人的天性。只不过这两个天性,在内容上不一样,孟子说的是道德本心,荀子讲的是生理欲求。

后来，到了宋明理学时代，将孟子、荀子所倡通过复性和化性而实现自新的路径整合在一起。南宋朱熹曾经用比喻解释说，至善的"天性"或"自性"就像一颗宝珠，这个宝珠晶莹剔透，但如果把宝珠放在混浊的水里，它的光亮就无法显现出来。相反，如果把它放在清澈的水里，这个宝珠的晶莹就彰显出来。宝珠的"天性""自性"虽说晶莹剔透，但能否显现，则取决于不同"气质"的水。由此，朱熹把超越、创新自我的过程解读成了变化自我气质对纯善"天性""自性"的拘限过程，《大学》将这一过程，理解成"明明德"。

不管是孟子的复性，还是荀子的化性，都体现了一种实现生命不断自新的教化文化。这一教化文化让传统乡约组织既非现代西方以谋求政治权利为使命的政治团体，也非根于"原罪"之恶而不断被救赎的西方宗教团体。民国时期，致力于乡村建设运动的梁漱溟先生曾立足于中西方社会治理文化不同，极富民族自豪感地指出："它（乡约）着眼的是人生向上，先提出人生向上之意；主要的是人生向上，把生活上一切事情包含在里边。"[1]按照梁先生的理解，乡约组织是一个伦理情谊化的组织，是以人生向上为目标的组织。它不同于政治组织，因为政治组织关注的是如何用权力构建政治秩序，不负责人生向上的道德伦理修养课题，梁先生指出政治组织"把人生向上的意思除外，同时以权利为本位，伦理情谊的意味也没有了"[2]。同时，乡约组织也不同于宗教组织，虽然宗教组织也能引领人们人生向上，但其"非自觉的相劝向上之意了"[3]。

---

① 梁漱溟：《梁漱溟全集》第二卷，山东人民出版社2005年版，第322页。
② 梁漱溟：《梁漱溟全集》第二卷，山东人民出版社2005年版，第322页。
③ 梁漱溟：《梁漱溟全集》第二卷，山东人民出版社2005年版，第322页。

三、乡规民约的典范

如前所论，经历了唐五代以来的社会纷乱和伦常失范后，宋代士人在新的政治生态下，怀抱着"以天下为己任"的政治担当，尝试在社会各个层面实施教化以实现自己设计的社会蓝图。吕氏兄弟受到二程和张载理学教化思想的启迪，将家法族规的社会功能进一步引申，吕大钧于熙宁九年（1076年）在其家乡陕西蓝田，创立了一个带有乡民自治性质的组织，即乡约组织，并制定了一部在我国历史上具有划时代意义的、规范自己家乡乡民生产、生活、生态行为的乡规民约，即《吕氏乡约》。

1.第一部成文的乡规民约

作为我们民族历史上第一部成文的乡村自治规约，《吕氏乡约》所体现的一些精神成为后世乡约发展的根本原则。传统乡约作为组织，就是一个通过教化乡民以引导他们人生向上的组织；作为制度，就是一种通过教化乡民以规范他们生产、生活、生态行为的制度。传统乡约所体现的这种注重教化的文化，既继承和创新着之前的传统治理文化，又开启和范导着其后的乡约发展。

《吕氏乡约》延续了周礼"十二教"以教化建设和谐治理生态的精神，用礼俗条约对村民进行教化。其约文开宗明义提出了建立乡约的四个基本原则："凡乡之约有四，一曰德业相劝，二曰过失相规，三曰礼俗相交，四曰患难相恤。"在这四个基本原则基础上，又细化为各个更为具体的条款，以此来约束和规范乡民的个人行为，并规定了他们在婚丧嫁娶、迎来送往等活动中应该遵循的礼义习俗。该《乡约》这种相劝相规、相交相恤的思想也是对秦汉以来传统乡礼思想中"相保""相受""相葬""相救""相赐""相宾"等主张的继承,同传统的儒家仁爱互助思想也是一脉相承的。

《吕氏乡约》第二部分题为"罚式",是对于违反乡约规定的处罚标准。违约的处罚方式包括罚款、记过直至开除。这种制裁方式,没有涉及人身方面,而只限于资格与财产的处罚,最严重的处罚也不过是剥夺其乡约成员的资格。第三部分题为"聚会",第四部分题为"主事",分别是对乡约成员的日常活动及组织方式的规定。除了日常交往外,乡约成员还要定期参加集体活动,主要是每月一次的聚餐、每季一次的酒宴。这种活动在发挥交流、联系感情功能的同时,主要作用是贯彻乡约"德业相劝,过失相规"的宗旨,在聚会上对于成员的行为加以评议,"书其善恶,行其赏罚";对于事关全体的事宜集体进行讨论修改,"若约有不便之事,共议更易"。

孔子曾就如何治理当时卫国乱政讲过这样一句话:"礼乐不兴,则刑罚不中;刑罚不中,民则无所措手足。"意思是说,如果进行教化的礼乐制度不能树立,那么对百姓刑罚就不能精准实施;如果刑罚不精准,那么百姓就会手足无措,不知该怎么行为处事。《吕氏乡约》基本主张就是兴礼乐教化以树立共同道德标准、礼俗标准,使个人行为有明确的遵守,不致溢出标准范围以外。该《乡约》的约文,是吕氏兄弟"躬行礼义"的结晶,关中学者提倡礼义的集成。这些规约被他们自己实践以后,家族施行以后,朋友研究以后,还以为不足,要变成具体的、有形的、集体的、社会的标准,希望从本乡到蓝田,从蓝田到关中,从关中到天下后世都能践行这些规约。由此可见,《吕氏乡约》是在遵循周礼的基础上,所开创的一种社会教化新模式。

首先,《吕氏乡约》的社会教化范围较小,是以乡为单位,而不是以县为单位,这样可以保证其教化根基的稳固。其次,《乡约》不是官方自上而下的对乡民的规约,而是地方乡贤所引领、示范的公约。第三,《吕氏乡约》所形成的乡约组织是由乡民自由、自愿参加,而不是强迫全体村民加入,杨开道先生称这种组织是一种"事业组织"①的形式,是把认同乡约规范、志同道合的人组织在一起共同推动乡约发展。第四,《吕氏乡约》不仅设置了成文的礼俗规定,还有明确的赏罚标准和一定的仪式,而这种仪式化的约定正是乡约促成乡治的基础。

对于《吕氏乡约》所开创的社会教化的新模式,据《河南程氏遗书》卷十记载,吕大钧亦师亦友的张载曾经赞扬说:"秦俗之化,亦先自和叔有力焉。亦是士人敦厚,东方亦恐难肯向风。"《宋元学案》也称吕大钧:"横渠之教,以礼为先。先生条为乡约,关中风俗,为之一变。"《明儒学案》卷九记载,明代蓝田人王之士认为,"蓝田风俗之美,由于吕氏"。这些颂扬语词,多出自于对吕大钧躬身践行的钦佩。

由于吕大钧去世过早(他终年只有52岁,在"蓝田四吕"中辞世最早),《乡约》的实施范围可能很有限。但是,《乡约》所代表的非官方的乡民自治思想文化,却对后代产生了持续影响。它将传统的教化文化按照儒家伦理中的推己及人准则,由血缘宗法推广到地缘乡里,超越了家族边界,后来的士绅乡贤之治由此发端。此后,以士绅乡贤为代表的民间权力,隐然生成于乡村社会。

总之,《吕氏乡约》的出现,是乡规民约发展史上具有划时代意义的事件。它体现出一种既继承和创新着之前治理传统又开启和范导着其后乡约发展的教化文化。一方面,这种教化几乎涉及乡村生活的各个方面,极大地丰富了教化内容;另一方面,为了保证教化能够顺利实施,它

---

① 杨开道:《中国乡约制度》,商务印书馆2015年版,第72页。

还建立了具体、有形、严密的乡约组织,以保障制度的推行。因此,它的出现,开创了一种既是组织又是制度的典型乡规民约。

2. 朱熹增损的《吕氏乡约》

吕大钧在北宋熙宁年间构建的乡约并没有引起太大社会关注,直到南宋朱熹才发现它的价值,对其做了增损,并进行宣传后,乡约才重新被世人了解。

根据《朱熹年谱》,朱熹对于《吕氏乡约》的修订是在淳熙二年(1175年)。当时,朱熹为母亲去世而守制刚刚结束,还不肯马上接受朝廷的官职,对于朝廷的任命屡次辞免,一心在家乡从事著述活动。他是以一个学者的角度对《吕氏乡约》进行修订的。这些修订成果,体现在其《文集》卷七十四中的《增损吕氏乡约》中。

在修订中,怀具经世理想的朱熹敏锐地看到《吕氏乡约》所开启的乡村自治的意义。他自叙其事说:"乡约四条,本出蓝田吕氏,今取其他书,及附己意,稍增损之,以通于今。"在给友人张栻的信中,朱熹肯定了《乡约》的劝善作用,他说:"《乡约》之书,偶家有藏本,且欲流行,其实恐亦难行,如所喻也。然使读者见之,因前辈所以教人善俗者而知自修之目,亦庶乎其小补耳。"[1]虽然推动《乡约》的流行是件好事,却不是一件易事。为了更好促进《乡约》的流行,在与好友吕祖谦的通信中,朱熹解释了他修订《吕氏乡约》的重点和难点,说:"熹近读《易》,觉有味。又欲修《吕氏乡约》《乡仪》,及约冠婚丧祭之仪,削去书过行罚之类,为贫富可通行者。苦多出入,不能就,又恨地远,无由质证。然旦夕草定,亦当寄

---

[1] 朱杰人等主编:《朱子全书》,第21册,上海古籍出版社、安徽教育出版社2002年版,第1350页。

呈,俟可否然后敢行也。所惧自修不力,无以率人。然果能行之,彼此交警,亦不为无助耳。"①在朱熹看来,罚款的措施可能有效,但在贫富有别的乡村社会,贫富的差别使得同样的罚款具有不同的效果,对于穷人有效,而对于富者则没有多大力度。处罚虽然对于维持秩序的确有一定效果,却有伤害乡人相熟情谊的副作用,并且只是处罚也不利于犯过之人"有耻且格"。处罚不仅要考虑经济上对犯过人带来负担,而且也需要慎重考虑其心理伤害问题。

有鉴于此,考虑到乡民大多家贫并无过多资金来缴纳违约罚金的实际,朱熹在修订中删除了原来关于违规处罚的部分约定,取消了罚金,进一步突出了《乡约》的道德自律性质。在增损的《乡约》中,朱熹特别强调自省的重要性,要求乡民如有过失,应各自省察,互相规戒,"小则密规之,大则众戒之",如果不听规劝,则在约民会集之日,值月者将这些过失向约正报告,之后约正再教之以理,让犯过者晓谕自己所犯过错的缘由。这些犯过约民要"谢过请改,则书于籍以俟",对于那些争辩不服,并终不能悔改者,就将他们从"乡约"组织开除。并且,"月旦集会读约之礼"也改变了规则:"于是约中有善者众推之,有过者直月纠之,约正询其实,状于众,无异辞乃命直月书之,直月遂读记善籍一过。命执事以记过籍遍呈在坐各默观一过。"尽可能地采取私密而不是公开的方式,有利于让犯过者保留尊严,给予改过的机会。

另外,为了缓和与国家权力的矛盾,朱熹在修订《吕氏乡约》时,尽力消减乡约作为民间自治规约有可能产生的锋芒。例如,他在"德业相劝"一条中,增加了"畏法令,谨租赋",这实际上是表达出向上层靠拢的

① 朱杰人等主编:《朱子全书》,第21册,上海古籍出版社、安徽教育出版社2002年版,第1458页。

意愿,以获取国家政权对士人借助乡约教化民众行为之合法性的认可和支持,将奉公守法、完粮纳税上升到德业的高度加以强调和推崇,力图在乡规民约与国家法令之间保持对接与协调。由此可见,朱熹对《吕氏乡约》的修订,恰好是针对当初的自愿与强制、国家上层规制与基层乡民自治的争论而来,即减少其"强人所难"的疑虑以扩大参与范围,同时消解"非上所令"有可能带来的上层疑虑。

再者,朱熹在其修订的乡约中,还设置了月旦读乡约、纠过、会食等各种仪节,并将尊老爱幼、尚齿尚德、抑恶扬善、和睦共处等原则贯穿其中,以达到以礼教化约众、以礼约束约众的道德境界。原本《吕氏乡约》对于如何聚会的规定十分简单,朱熹在修订中,将其改成了一套十分完备细密的"月旦集会读约之礼"。聚会的时间、地点、会场布置、与会者、请假、会场、集会程序、会场礼仪等,都设计得十分具体。相对于"德业相劝""过失相规"和"患难相恤","礼俗相交"这一项目的内容变化最多,朱熹把吕大钧《乡仪》一书的很多内容加到了这部分,使这项内容占全文三分之一以上。根据长幼尊卑的顺序,列举了造请拜揖、请召送迎、庆吊赠遗等各种礼节,并且每项礼仪的规定非常具体。

总之,朱熹对《吕氏乡约》的内容进行了诸多有益的修改,通过这次修改,一方面,为明清两代地方自治与中央集权统治的相融合、相统一提供了较为坚实的思想基础;另一方面,也为乡约文化作为教化民众的正当文化在明清的推行准备了条件。

四、传统乡约的发展形态

乡约作为地方自治的社会组织、规约制度,始于北宋,盛于明清。就

《乡约》所涉及的内容而言，有的比较典型，比如"德业相劝，过失相规，礼俗相交，患难相恤"这四个基本项目的内容，但有的《乡约》所涉及的内容相对就比较专门，像《禁赌博约》《坟山禁约》《禁盗鸡犬约》《禁盗田园果菜蔬约》《禁六畜作践禾苗约》《禁田园山泽约》，等等。大致说来，在传统乡村社会里，影响到和谐治理生态建设的主要有四种力量，即上层政权、宗族族权、民众自治权以及士绅的社会威望，在这些力量的相互作用下，乡约有了不同的组织形态。如前所及，在乡约形成、发展过程中，上层国家政府自上而下的规制与基层乡村自下而上的自治之间存在着一定的矛盾。随着这一矛盾展开，政权、族权、自治权以及社会威望各有侧重、相互影响，使传统乡约有了不同发展形态。

1.乡贤推行类乡约

传统乡约一开始就带着乡贤推行的色彩。《吕氏乡约》就是由吕氏兄弟及其乡邻所发起的一种自发性组织、制度，主事的是像吕氏兄弟这样的一些有相当文化及社会威望的乡村或宗族精英，我们可以笼统称之为乡贤。这个体现着乡贤文化色彩的《吕氏乡约》，对后世产生了深远影响，宋代其他乡规民约的制定，大多以其为蓝本。

到了南宋，朱熹对《吕氏乡约》进行一定增损后，广大士人尤其是朱门弟子对其十分重视，出现了一批乡约的践行者。不过这时的乡约推行主要表现为一种民间自发行为，实践者也多是朱熹的门人。譬如胡泳就曾经求学于朱熹的建阳竹林精舍，据黄榦《勉斋集》卷六《跋南康胡氏乡约》记载，胡氏深感自己的家乡"礼教不明，人欲滋炽，利害相攻，情伪相胜"，认为如果连自家的父子兄弟都要争夺不断，那关系更远的乡邻之间如何才能和睦相处，整个乡村社会和谐有序更从何谈起？于是公元1215

年，即嘉定八年，胡氏兄弟首先在自家实行乡约，然后又在乡里推行。"伯量兄弟孝友，同居爨人无间言，又能推其施之家者，而达于乡，其有补于风教大矣。"

朱熹的另一位门人程永奇，也深受朱熹言传身教影响，在晚年居家期间，"用伊川先生宗法，以合族人举行《吕氏乡约》，而凡冠、昏、丧、祭，悉用朱氏（朱熹）礼，乡族化之"（《江南通志》卷一百六十四）。然而这种纯由士绅自主发起的民间组织，既强调民众本着自愿原则入约，又需要采取强制措施推行乡里教化，在宽猛难于适当的两难困境下，往往偏于严格约束因而导致约众认同度下降。两宋乡约最终只限于吕大钧、阳枋、胡泳、程永奇、潘柄等少数几位理学家推行。

总之，终两宋之世，乡规民约由于没有得到中央政权的认可和支持，因此无论是在推行的地域、数量，还是规模上均未形成大的气候。但也恰恰正因为上层政权没有过多重视，宋元时期的乡规民约制定、实施中，乡贤指导、示范作用至关重要。

2.帝王圣谕化乡约

明朝是以推翻异族统治、恢复汉族文化为政治目标而建立的，明初的政策具有复兴儒家文化的特色。从明太祖开始，以朱熹为主的儒家治理文化就受到重视，并跃升为国家意识形态。随着理学地位的确立，朱熹影响力的扩大，他所提倡的乡约文化也受到国家和士人们的重视。明朝建立后，明太祖朱元璋认为"天下初定，所急者在衣食，所重者在教化"（《明太祖实录》卷九十六），主张社会教化应为治国的先务。为此，朱元璋在乡里宣讲"圣谕六言"，这被看作第一次以国家力量推行乡约。之后明成祖朱棣将《家礼》《吕氏乡约》列于《性理大全》，进一步推动了乡约的发展。也正是乡约、保甲在乡村社会的推行,促进了乡村社会和谐治理生态的建设,从而带动了明朝治平之世的形成。

明代以后,随着国家介入到乡约推广中,"洪武六训"的宣讲成为乡约教化的一部分。《明太祖实录》卷二百五十五记载:"上命户部下令天下民,每乡里各置木铎一,内选年老或瞽者,每月六次持铎徇于道路,曰:'孝顺父母,尊敬长上,和睦乡里,教训子孙,各安生理,毋作非为'。"文中宣传的六句话就是"圣谕六言"。嘉靖、隆庆、万历年间都记载有朝廷推行乡约的事例。

国家介入使乡约得以用制度化的方式推向全国,成为地方官员施政的重要形式,也成为一些居乡的乡贤进行地方治理的手段。嘉靖至万历年间,京师、南京两直隶和各布政使司都有乡约的实践活动,南直隶、陕西、江西、福建都是在全省实行乡约;徽州、福建、广东的很多家族,也采取乡约的组织方式进行家族重建。随着乡约的盛行,六谕加入乡约内容之中,并在会场宣讲。每当朔望聚会之日,会场上都设有告谕牌,内载"洪武六训",先由约正宣读告谕,然后约长合众扬言,如《南赣乡约》称:"自今以后,凡我同约之人,只奉戒谕,齐心合德,同归于善。若有二三其心,阳善阴德者,神明诛殛。"

总体来看,整个明代的乡约推行是广泛的,各级官员习惯性采取乡约的方式以获取地方治理的合法性。而乡约在地方上的不断实践,也起到了对地方文化整合的作用,不仅收获了良好的移风易俗功效,还在地方救济、防御等方面发挥了重要作用。

满清入关以后,为了巩固异族统治权威,加强对民众的思想控制,在基层恢复了明代的乡约制度。从明初到康熙初年,乡约集会公开诵读的都是"圣谕六言"。顺治九年(1652年)二月,清世祖"颁行六谕卧碑文于八旗及直隶各省"(《清世祖实录》卷六十三）。这六谕的具体内容是"孝顺父母，恭敬长上，和睦乡里，教训子孙，各安生理，无作非为"，基本上照搬了明太祖朱元璋的"圣谕六言"。顺治十六年（1659年），清廷正式设立乡约，"议准译书六谕，令五城各设公所，择善讲人员讲解开谕，以广教化"(《清经世文编》卷二十三）。

到了康熙年间，随着经济的快速发展，社会流动的加快，社会出现"风俗日弊，人心不古"的问题。清王朝上层意识到，不能仅仅依靠刑罚来解决这些问题，而要在基层社会实施教化。康熙九年（1670年），清政府颁布"上谕十六条"，具体内容是："敦孝悌以重人伦，笃宗教以昭雍睦，和乡党以息争讼，重农桑以足衣食，尚节俭以惜财用，隆学校以端士习，黜异端以崇正学，讲法律以儆愚顽，明礼让以厚风俗，务本业以定民志，训子弟以禁非为，息诬告以全良善，诫窝逃以免株连，完钱粮以省催科，联保甲以弭盗贼。解仇忿以重身命。"康熙皇帝宣讲的"圣谕十六条"，显然也基本是由推演"洪武六谕"而来，只是增加"完钱粮以省催科""联保甲以弭盗贼"等新的内容。康熙的"圣谕十六条"颁布后，地方官员将其不断进行衍说，成为地方乡约宣讲的主要内容。

雍正二年（1724年），"圣谕十六条"再次被逐条注解，每条约千余言，成为洋洋万言的《圣谕广训》，并"颁发直省督抚学臣，转行该地方文武各官及教职衙门，晓谕军民生童人等，通行讲读"。自此，《圣谕广训》取代其他教本，成为圣谕宣讲的主要版本。各地在实施过程中，又结合不同实际情况对它进行二次加工，让更多的乡民能看懂、记住。在这种情况下，各种版本的《圣谕广训》通俗注解大量出现，有文字形式的、图解形式的以及配有俚诗的。

总之，清王朝所推行的乡约在实践中，逐渐成为单纯地宣讲圣谕。

这种宣讲虽然使乡约推行的范围、规模大增，但乡约本身所固有的由乡贤引领下的乡民自我治理的功能则严重丧失。从康熙的"上谕十六条"发展到雍正洋洋万言的《圣谕广训》，乡约完全变为通过宣讲的单一方式进行教化，而失去了组织乡民生产、生活以形成礼俗共同体的教化意义。

3.地方官治类乡约

王守仁（1472—1528年），字伯安，别号阳明，是二程、朱、陆之后的另一位大儒，心学流派的重要代表人物。1518年，即明正德十三年，王阳明任南（安）赣（州）巡抚，面对当地盗贼蜂起、社会秩序紊乱的局面，在分析当地实际情况基础上，制定并颁行了《南赣乡约》。尽管该乡约内容的价值取向与《吕氏乡约》接近，但性质已经由民间变成官方，自愿变成命令。杨开道先生在区分两者差异时，指出："一个是民治的胚胎，一个是官治的传统。"①《南赣乡约》由于有上层政权的支持，所以"其势甚顺"；《吕氏乡约》由于为基层社会所执行，所以"其基甚固"。

《南赣乡约》共计15条，其中第一至第四条讲的都是乡约的组织建设问题，内容包括乡约的人员构成、文簿的设置、入约的会费、聚会的日期和约所的选择等，第五条讨论通约难事，第六条讨论寄庄完粮，第七条讨论放债收息，第八条讨论斗殴争执，第九条禁止军民人等阴通贼情、贩卖牛马，第十条禁止吏书、义民、总甲、里老、百长、弓兵、机快等人下乡要索，第十一条劝各寨居民和新民，第十二条劝诫新民改过自新，第十三条劝告男女及时婚嫁，第十四条告诫要根据家庭情况条件办理丧葬，第十五条讨论集会礼仪步骤。

仅从上述这些约条的内容就能感觉到《南赣乡约》所具有的浓浓的

① 杨开道：《中国乡约制度》，商务印书馆2015年版，第110页。

官治气息，但也正因为如此，其在南赣及福建龙岩、江西吉安、广东揭阳等地才得以较大范围和较长时间的推广。在组织人数上，乡约的领导人数大幅度增加，《南赣乡约》增加到了17个人，约长代替原来的约正成为首要人员，下设约副、约正、约赞、约史、知约等各若干人。与《吕氏乡约》所构建的自由度较高的组织不同，实施《南赣乡约》的组织是强迫参加的，其覆盖面不再是乡村某些乡民而是整个乡村。由政府号召人们必须加入，规定如果不参加集会就会被罚银一两，惩罚十分严厉。并且乡约组织担负的职能也大幅度地增加了，该组织变成了一个准官方的机构，所以称其为官治组织。执行《南赣乡约》的约长负的责任很大，要管的事几乎是无所不包，几乎变成了政府基层差役。大致说来，其要负责的事项有四个方面，即约中互相帮助、协助官府、保护同约人的利益和处理同约事宜。按照杨开道先生的理解，《吕氏乡约》是人民自发的乡治组织，是自治的胚胎；《南赣乡约》则是一个政府督促的乡治组织，是官治的传统。由此，乡约制度逐渐成为政府的工具。

不过，该乡约虽有官治色彩，但也是王阳明力倡的"知行合一"这一道德教化思想的体现和实践。该乡约颁行的目的是希望同约之民，"皆孝尔父母，敬尔兄长，教训尔子孙，和顺尔乡里，死丧相助，患难相恤，善相劝勉，恶相告戒，息讼罢争，讲信修睦，务为良善之民，共成仁厚之俗"。显然，这一目的可谓"圣谕六言"和《吕氏乡约》四个条款的结合。

4.宗族形态化乡约

宋以后，由于国家的支持和士人阶层的大力倡导，家族组织得到快速发展。这一时期的宗族不能简单看作是血缘群体的集合，而是呈现出社团化的倾向。家族在血缘上固然可称为家族，但修族谱、设义庄等公共事务的开展,都需要立约,以族规条约来规范族内人士的权利义务关系。宋儒为了收恤族人,稳定社会,展开了一系列宗族制度的建设活动,包括修族谱、置族产、定族规、建祠堂等,这些公共活动往往都被写在宗规族约之中。有了这个宗族规约约束,纵使族内长老想要治理族人,所依据的也是家法和族规。家族祠堂除了承担血缘祭祀功能外,也具有宗族乡约聚集议事场所的功能。

明初巨擘方孝孺(1357—1402年)提出了一套被认为可与《吕氏乡约》相媲美的乡族治理理论,可以称为"乡族自治"。方孝孺认为,家族始于夫妇,于是父子、兄弟、友朋相继以起,其产生都早于政治组织。亲亲是人性的自然,所以圣人立宗族之制,使家族乡党之间睦邻互助,相教相治。方氏在《葛氏宗谱序》中还论证了宗族对淳化风俗的作用,主张:"国俗之所兴,由乎一乡之俗。乡俗之所起,由乎一族之俗。"

方氏这种"乡族自治"是在宗族里实行乡约,是在原有宗族组织的基础上,把乡约的精神、目标、仪式形式等嵌入到家族中,以家族为母体,培育乡约精神,发挥乡约功能。在组织方式上,保留原有的宗族样态,以"宗"为基本的乡约单位。一宗之内,大户自成一单位,小户合并成为一单位,共同形成乡约共同体,组织讲约、祭祀、奖惩及其他社会活动。

方氏这种乡族自治在明代也大为盛行,譬如,徽州文堂陈氏在明代就订立了一部有"徽州弟子规"之称的《文堂乡约家法》。这一《家法》所订立的乡约家会,就是将本宗十七甲安排到一年十二月聚会中,共分为十二轮,以对应一年十二个月之会。户大人多者,自管一轮;户小人少者,相便利者合并成一轮。每会以月朔为期,只有正月改至望日。轮值之家,需要提前准备圣谕屏、香案于祠堂。聚会那天清晨,鸣锣约大家来相聚。听见锣声后,各户长率子弟衣冠齐整地来到聚会场所。限于辰时必须全部到齐，除非有病患、事故、远出等情形的人，其他人不能无故偷懒懈怠而经常不参加聚会。聚会时的餐食只用点心，不能没节制地铺张浪费，以至于让以后的聚会难以持续。

在乡约领导者的选择上，这些宗族乡约考虑到每户的户长多因年高难以任事，因此要在每户选择年纪稍长而行为端正者作为约长，又选举次年壮贤能者为约副。在遇到具体问题时，他们要和户长共同商议处理。相比于一乡里选举约正副，在一家一户里选出的约正副不仅有乡约职责上的权威，而且在一家的血缘排序上也享有尊重，管理效果更好。作为族人选举出的约正副，必须要做到行为端正，起到族人表率的作用。譬如，同为徽州宗族的明代休宁商山吴氏宗族，就对宗正副的选择有所记录，在其族规中提出："祠规既立，无人管摄，乃虚文也。须会族众公同推举制行端方、立心平直者四人，四支内每房推选一人为宗正副，总理一族之事。遇有正事议论，首家邀请宗正副裁酌，如有大故难处之事，会同该族品官举监生员、各房尊长虚心明审，以警人心，以肃宗法。"也就是说，在商山吴氏宗族，宗正副分别由该族四支选出，共同形成宗族领导层。一方面，对于家族内的一般性事务进行直接处理；另一方面，当遇到重大事件时，要会同该族品官举监生等其他乡贤群体共同处理。

在聚会仪式和奖惩方式上，宗族也多采用乡约的方式，定期举行讲会，宣讲"圣谕六言"，并设立记录善恶簿，对入约人员的善行恶行进行奖惩。比如文堂陈氏的做法是："月朔群子姓于其祠，先圣训以约之尊，次讲演以约之信，次以歌咏以约其性情，又次之揖让以约其步趋。不知孝顺尊敬者，约之孝顺尊敬；不知和睦教训者，约之和睦教训；不知安生理毋作非为者，约之使安生理毋作非为。"

至于乡约里的一般性事务，宗正副有权力自行奖惩，在商山吴氏宗族里，"若富欺贫、强凌弱、众暴寡、邪害正，皆皆欺蔑祖宗、败坏风俗之辈，各支倘有此等恶人，虽被害者懦弱，不能中坼，各宗正副不许容隐，即代为陈秉始祖之前，悉听宗正副据理剖断，毋从毋枉"，"今后族中凡有义举，众当协力赞襄，其有设法阴坏者，宗正副即会族众，昭告始祖前，量情轻重责罚，以警其余"。可见，按照吴氏宗族说法，宗正副的权力来自祖先权威，族人的行为要对祖先负责，宗正副进行赏罚是代替祖先行事。

需要说明的是，上述几种不同形态的乡约在乡治实际中是相互兼容的。譬如，明代吕坤（1536—1618年）写了一部《乡甲约》，首次把乡约与保甲合一，用乡约劝善惩恶，用保甲缉奸弭盗。他在任襄垣令时，就推行该乡约，在当地建了120个乡约组织。显然，这个"乡甲约"属于官办性质的乡约。从62岁到82岁，吕坤在家赋闲20年。他不再借助官府的力量，而是以乡贤的身份在家乡宁陵大力倡导《吕氏乡约》。另外，他和兄弟一起制定了宗约，并创作了宗约歌85首，用通俗文字，劝同宗祭祖、孝亲、笃亲、友爱，并用记录在册方式实施宗约的赏罚。显然，这个在家乡提倡的宗约既有乡贤推行色彩，也有宗族化色彩。

纵观传统乡约发展历程，《吕氏乡约》成为后世乡约发展的蓝本，其乡贤指导下的乡民自治的色彩浓厚，但由于没有得到中央政权的认可和支持，终两宋之世，乡规民约未形成大的气候。到了明清时期，乡约得到中央政权的认可和支持，发展形成规模，但又多为政府控制社会的机制，脱离了最初纯粹的自发性自治组织角色。作为民间始创的成文规约，乡约制度后来借助于国家力量推行，在这些力量中，既有地方官员，也有皇帝王公。不过，乡约的推行最重要的后果是推进了古代乡村社会的自治，尤其不管是基层自治色彩强的乡约还是上层规制色彩强的乡约，都突出了乡约在乡贤示范下的道德教化功能。

第二章　德业相劝，过失相规——乡约的导善功能

　　俗话说，"近朱者赤，近墨者黑"。人的生命能否实现向善、向上，同自己所处的生存环境有很大关联。孔子主张"里仁为美"（《论语·里仁》），认为同有仁德的人相处是很美好的事。荀子也曾经指出："蓬生麻中，不扶自直。"（《荀子·劝学》）意思是说，蓬草如果生在麻中就会自然而然的直立生长。由此，如"前言"所及，为了更好地教化民众，实施对社会的有效治理，儒家特别重视和谐治理生态的建设问题。在他们看来，不管是治家还是治国、治天下，良性治理生态的建构很重要。孔子在指点学生如何治理时，曾在《论语·为政》和《论语·颜渊》中两次提及："举直错诸枉，能使枉者直。"认为只要把正直的人提拔起来去领导不正直的人，那么就会形成一个人人正直的良性治理生态，如此一来，那些不正直的人就无法再投机，也会转变成正直的人。重视道德教化的传统乡约作为乡民自治组织，其制定的乡规民约也是为通过道德教化形成良好治理生态服务的。下面一则发生在山东农村的案例也充分表明，通过道德教化形成的良好治理生态对实施治理的至关重要性。

　　"竹板这么一打，别的咱不夸，夸一夸交通安全大家来学法，农民来学法，到处人人夸，你学我也学，男女都适合，前杨奔小康，车辆运输忙，爷们驾车辆，遇酒莫贪肠，妇女建协会，交警法规讲，奉劝好儿男，安全记

心上。"这是一首由家庭主妇传唱的《禁酒经》快板歌。关于这首快板歌，2011年10月12日《齐鲁晚报》有篇报道《25名村妇建协会"治"酒驾 自编传唱禁酒快板歌》。

鲁西南地区的曹县是一个拥有150余万人口的大县，交警仅150人，警民比率为万分之一，难以对农村地区酒驾行为进行日常治理和查处。再加上交警治理酒驾村民，往往偏于行政处罚，以至于村民们有抵触。要想更有效治理酒驾，创建一个让村民从不敢酒驾到不愿酒驾的良好治理生态至关重要。为此，该县交警大队想出了一个由交警指导、村民实行自治的新路子。经过调研走访，最终选定涉酒交通事故多发的砖庙镇前杨村作为试点村。该村位于曹县县城西北20公里，村民大都经营木材加工运输，村上拥有三轮汽车、低速载货汽车、摩托车等各类机动车上百辆。由于该村处于两条省道的交叉路口，以往每年都会发生四五起交通事故，绝大多数因村民酒后驾驶引起。很快，一支由前杨村25名家庭主妇为会员的"酒驾监督协会"就成立了。

起初，村上不少男村民都认为这个协会是在瞎折腾，谁也不当回事，车照开酒照喝，可是没过多久，就有村民尝到了她们的厉害。第一个受到惩处的是村民杨彪，他酒后驾驶农用三轮车回家，在村口，监督协会的几名妇女见他车开得有些异常，就把他拦下，不仅数落了一番，还打电话叫来了交警。协会成员工作认真、积极，她们把交警印发的材料，贴在车上和墙上，让全村开车的男人，一出车就能看得到，连村上的小孩都会唱上面那首由她们自编的《禁酒经》。她们不仅管本村的事，还把因婚丧嫁娶或者来本村办事的外乡的驾驶员也管上了。凡本村因事设酒席的，妇女监督协会都会找上门，不让外村驾驶员喝酒，并告诉他们这是村里的规矩。农村酒驾妇女监督协会的成立，彻底改变了村上男人们对酒的态度,也在村里刮起了一股自觉抵制酒驾的新风。

　　这个由25名家庭主妇组成的"酒驾监督协会",是一个类似传统乡约的村民自治组织,她们传唱的《禁酒经》就发挥着传统乡约的道德教化功能。前杨村的男人们之所以从以前的酒驾成风转变成自觉抵制酒驾新风,其关键就在于这个"酒驾监督协会"发挥了导善功能,形成了一个能让村民从不敢酒驾到不愿酒驾的良好治理生态。那么,传统乡约又是如何发挥这种能建设良性治理生态的导善功能的呢?

一、相约为善的文化

　　在前文所引的《答刘平叔书》的信中,吕大钧提出自己设计乡约的宗旨是"乡人相约,勉为小善",正是这一宗旨让传统乡约成为颇具中国特色的组织。按照梁漱溟先生的说法,中国传统乡约组织有一个重要的优越性,就是能够实现人人自愿、人生向上。这一点,现代西方政治组织相对比较缺失,因为它不能致力于实现组织成员的人生向上;西方的宗教组织也不够,因为它无须要信徒自愿人生向上。梁先生的学生,同时也是中国乡约文化研究的开创者杨开道先生曾提出一个"事业组织"的概念。借用杨先生的分析,致力于实现德业相劝、过失相规、礼俗相交、患难相恤四项任务的中国传统乡约,本身就是一个以自愿实现每个成员人生向上之事业的组织。

　　在这四项内容中,德业相劝、过失相规从正和反、扬和抑两个方面,确保着乡约成员实现人生向上。梁漱溟先生在他的《乡村建设理论》中把这个文化称为"人生向上"的文化,他指出:"乡约这个东西,它充满了中国人的精神——人生向上之意,所以开头就说'德业相劝''过失相规'。"①

不难得出,按照梁先生的看法,传统乡约中"德业相劝""过失相规"的文化意蕴就在于,开启了一种让每个乡约成员自愿实现人生向上的终生事业。作为传统乡约开山的《吕氏乡约》设计的前两个条款,就是"德业相劝""过失相规"。"德业相劝"是从正面引导乡民们正当行为、积极为善以实现人生向上,用宋明理学家的术语叫"存天理";"过失相规"则是从反面规整乡民的失当行为而杜绝为恶以避免人生沉沦,这叫"灭人欲"。"德业相劝,过失相规"可视为乡民相约为善的纲领。

1.德业相劝

德业相劝中"德业"一词究竟是什么意思? 在《吕氏乡约》之前的古代文献中,也有"德业"一词。譬如《后汉书·杨震传》:"自震至彪,四世太尉,德业相继。"唐杜甫《暮秋将归秦留别湖南幕府亲友》诗:"大府才能会,诸公德业优。"简单说来,"德业"一词大体是指德行与功业的意思。"德业相劝"是说相互劝勉、鼓励以修养德行和建立功业。

在传统读书人看来,不仅要修德而且还要立业。所修之德是成圣之德,所立之业是王道之业。王道不同于霸道,不是以力服人,而是以德服人。所以要想立王道之业必须有成圣之德作内在基础,如此修德立业就成了修内圣之德以成就外在的王道之业。但就传统农民而言,他们所要立的业并不是治国、平天下的经世之业,而是如何安排自己的生产、生活以过上好日子。不过,传统乡约不是农民自发生成的,而是在传统士人指导、示范下设计的,所以乡约中也体现着士人内修圣德、外立王业的抱负。

---

① 梁漱溟:《梁漱溟全集》第二卷,山东人民出版社2005年版,第322页。

大体言之，任何一种文化都可以分为器物文化、行为（制度）文化以及价值观三个层面，其中价值观是该文化的内核。传统士人所开拓的这种以内在修德作为外在立业基础的治理文化，体现着一种敬德的价值观。乡约作为传统乡民们的一种自治行为（制度）文化，它的"德业相劝"条款首先就体现着这种敬德的传统价值观。敬德的文化价值观源远流长，三四千年以前的周初，就萌生了这种"敬德"文化。"德"作为古代先贤用来文明先民行为的规范，不单单是让人们成为文明人，而是要升华他们的生命以上达天命、天德。在周初治理者看来，天命可以通过民心体现，民心的向背决定了天命转移的趋势。如何获得民心的支持？显然像商纣王那样用严刑峻法对待臣民，是不会赢得民心的，自然他的政权也不会获得天命支持。要想获得民心，必须"明德慎罚"。通过"敬德保民"获取民心支持，进而也能受到天命支持。鉴于商纣王因丧德而灭亡的教训，以周公为首的周初治理集团，开发了一种讲究德治的治理文化。

　　这种德治文化下的修德就成了上顺天命、下应民心的关键、钥匙。天命，也不仅仅具有天老爷在冥冥之中主宰人间秩序和命运的神性色彩，这个老天以老百姓的心意为自己的心意。老百姓喜欢听什么，那么老天就喜欢听什么；老百姓喜欢看什么，老天就喜欢看什么。既然老百姓心意喜欢真善美，自然老天就喜欢真善美。如此一来，政权得失的命运就掌握在老百姓自己手里，这种思想就是中国的民本文化。

　　修德除了可以让治理者上顺天命、下应民心以开拓王道之业以外，还可以让每个修德的人也能上合天德以实现生命终极安顿，成就一个像"希天"的圣人那样可以不断向上的生命。有了这样一个向上的生命，每个人都可以与天地之生生大德相契合。儒家有部经典叫《周易》，在对这部经典进行哲学性解释的《易传》中,指出圣人们"与天地合其德",圣人与天地相契合的德性是生生不息的大德,所以《易传》又说:"天地之大德曰生。"这个生生之大德为每个人都具有,只不过"百姓日用而不知"。这个大德也是我们每个自我实现天人合一、物我一体之"大我"的基础,一旦实现与天地合德,那么这个"大我"就不是短短几十年寿命,而是永远处于生生不息中的永恒之我。

孔子在《易传》中提出:"积善之家,必有余庆;积不善之家,必有余殃。"意思是说,一个家过得好不好,关键在于家人的道德品性修养。如果行善多,道德品性修养程度高,个人或家里就会多增吉庆之事;反之,如果行恶多,就个人而言会"多行不义必自毙",就家而言则会多添灾殃之事。传统社会讲的个人并不是一个个像原子一样的孤立、封闭的单个的"小我",而是与家人、他人乃至天地万物相融一体的"大我"。这个"大我"不仅在空间上是与天地万物一体的超越之我,在时间上也是永远生生不息的不朽之我。

中国传统文化认为有三件事情可以让我们成为不朽之我:首要的是立德之事。譬如,雷锋虽然逝去,但大公无私、乐于助人的雷锋精神却永驻人间。其次,是立功之事。譬如,谭嗣同和李大钊虽然寿命都不够长,他们从事的变法事业、共产主义事业却是不朽的。再者,是立言之事。古人讲:"文章千古事。""四书五经"之所以被尊为"经",因为这些经典是载录圣王或圣人不朽之言的著作,像朱熹这些后世学者,为这些经典所做注疏中的思想精华也都在流传中慢慢沉淀成了不朽之言。

显然,在这三件能够实现生命之不朽的事情中,立德是基础。立功和立言没了德性做内在支撑,就会沦为丧德之功和丧德之言,自然也不会成就一个不朽之我。譬如隋炀帝杨广,虽然他对大运河开凿的贡献不能说不是一件丰功伟绩,但终因为其自身败德未能实现生命的升华至不朽。唐末诗人皮日休在一首诗中写道:"尽道隋亡为此河,至今千里赖通波。若无水殿龙舟事,共禹论功不较多。"皮日休这首诗是在隋亡后二百年所撰,是亲历大运河所起的作用有感而发的。他指出本来隋炀帝开凿运河之功堪与大禹治水之功相提并论,然而他沉溺于水殿龙舟下江都的游乐,所以即使有丰功也没法实现生命不朽。

总之,传统乡约文化中的"德业相劝"条款体现着一种"敬德"的文化价值观,德性既可以作为平治天下以实现天下秩序的基础,也可以作为个人修身以实现生命向上乃至不朽的基础。简单说来,德业相劝就是在乡约这个共同体内,各个成员之间相互劝勉着共同实现人生向上,并且在乡约成员的示范下,还可以对乡约以外的乡民们进行劝勉而实现人生向上。在这种价值观的指导下,一方面,人们采取以德服人的组织方式,把乡村社会变成人人忠孝仁义、家家和睦相处的和谐有序的王道乐土;另一方面,人人通过在乡约组织中修德立业,还可以"各安生理",实现自我生命终极安顿,从而成就不朽之我。

2.过失相规

传统乡约作为一种教化乡民以实现乡村自治的组织、制度,体现着一种可以引领人生向上的组织(制度)行为文化。在实现人生向上的过程中,德业相劝是从正面构筑人生向上的基础,以传统中医理论作比,德业相劝属于固本筑基,是治"未病"。然而,人生向上之路总难免被某些过失所侵扰,这些过失就是中医所说的"已病"。对于如何避免这些"已病"干扰,传统乡约又构建了一个"过失相规"条款。这一条款内容与"德业相劝"相反,不是劝勉、引领,而是相互规训、规制。

俗话说，人非圣贤，孰能无过。孔圣人到了五十知天命的年数，才说自己通过读《周易》可以无大过。《周易》认为人的生存处境有吉凶两种态势，但吉凶态势并不是绝对的，而是相互转化的。老子的《道德经》也讲过"祸福相倚"。在《周易》和《道德经》看来，即使在福、吉等有利的生存境遇下，如果行为不当，福、吉的态势也会转化成祸、凶的态势。相反，即使在祸、凶的不利的境遇下，如果行为得当，祸、凶的态势也会转化成福、吉态势。可见，如何趋吉避凶，关键在于行为的正当性。如何实现行为正当？面对过失，传统儒家文化主张：

一要知过悔过。"勿以善小而不为，勿以恶小而为之"，再小的过失都意味着行为的错误方向。如果是错误的方向，不管再小都是错，在错的方向上继续，就会一错再错、错上加错，久而久之，就会养成坏习惯，积重难返。佛门有句话，叫"放下屠刀，立地成佛"。我们的行为的发动都系于一闪念间，究竟是拿起屠刀还是放下屠刀，闪念间对错已见分晓。拿起屠刀，即使未去完成杀人，但只要动杀害无辜之人的念头，就是错的路向，也就是成魔的路向。相反，如果放下屠刀，便是正确的方向，也便是成佛的路向。儒家重视这种积恶成魔的忧患，《易传》指出："履霜，坚冰至。"意思是说，当我们踏着霜时，就应该意识到寒冷冬天到了，继续下去就会冻成坚冰。由此，《易传》警告时人要意识到"积善之家，必有余庆；积不善之家，必有余殃"。

二要过勿惮改。要做到有错必改并不容易，因为改过需要一定的勇气。"知耻近乎勇"，能知耻改过是勇者必备的勇气。意识到自己的过错以后，要勇于自我批评、自我否定。知道了过错却不改正，这是没有勇气。每个人都会有犯错误的时候，但问题不在于犯不犯错误，而是在于有没有勇气知错就改。在儒家文化看来，文过饰非是小人和懦夫的行为，只有闻过则喜、过不惮改才是君子、勇者的风范。孔子提倡"过则勿惮改"，主张面对错误，要敢于直面，不要回避，不能像那个讳病忌医的蔡桓公，碍于面子，掩饰毛病，不去直面过错，还迁怒那个给自己指出毛病的人。我们日常有句话，叫"听人劝，吃饱饭"。别人劝说我们，大都是给我们指出过错，不能认为接受了人家忠告，就是矮人一截，为了这个不"丢份"，而坚决不悔改。及时承认错误，努力修正，"知错能改，善莫大焉"。

三要错不贰过。孔子非常崇尚能够知错就改的人，称赞颜回"不迁怒，不贰过"。像颜回这样的人也会有过错，而颜回的与众不同之处在于能做到知错就改，不再犯同样的错误。孔子认为，若是能做到知错就改就不能算是有过错，那些过而不改的人，才是真正有过错。"亡羊补牢"故事中的牧民，当别人指出墙上的洞会让羊丢失时他没听，这是"惮改"；真丢羊了，还继续怀具侥幸，没有做到"不贰过"，所以不能及时改正，继续丢羊。在日常生活中，犯了错误，遭到挫折，这是常见的现象，只要能认真吸取教训，及时采取补救措施，就可以避免继续犯错误，遭受更大的损失。

按照传统中医理论，每个人体质不同，但都需要健康的生活方式，才能实现身体健康。一旦身体出现了疾病，并不是头痛医头，脚痛医脚，而是着眼于对整个身体进行调理。一旦行为失当，要有一个矫正行为的机制。《吕氏乡约》提出的"过失相规"就是对组织成员失当行为的矫正机制。在这个机制作用下，有过失的成员可以知过、悔过、不惮改、不贰过。

总之，"过失相规"通过乡约共同体内部以及外部的相互规制实现改过迁善、悔过自新。前杨村的"酒驾监督协会"对本村和外村酒驾人员的监督就类似于乡约"过失相规"的功能。如同《周易》文化所讲的"一阴一阳之谓道"的道理,它同"德业相劝"一起,从阴阳两面引导着乡民们的人生向上以实现整个乡村的良好治理生态。

也如同天上的月亮,既有高高在天的一面,也有下落在不同江河湖泊中呈现出不同情态的一面。实际上,天上的月亮只有一个,这叫一本;但月亮在万川中显现情态则多种多样,这叫万殊。同样,纯粹至善的美德只有一个,但在不同人或不同事中的呈现则多种多样。在传统读书人看来,修德不能离开父慈子孝、兄友弟恭的日常生活,"德"是植根于父子、夫妻、兄弟、朋友、君臣五种伦常关系中的伦理道德。在传统读书人设计的乡约文化中所讲的修德,也是一种"不离日用常行内"的实践。乡约提倡的"德业相劝""过失相规"应该是在老百姓日用常行中的"相劝""相规"。这种"相劝""相规"应该是在老百姓日常生产、生活中修德立业、改过迁善以实现人生向上之目标。那么,老百姓日常生产、生活中,应该修什么德立什么业、改什么过正什么失才能实现人生向上之目标?

二、德业相劝的内容

在作为乡约文化前身的、周代推行的"十二教"中,就体现着一种在日用常行中修德立业的思想。"十二教"中既有涉及修德的内容,如敬畏谦让、亲亲和谐、安分尽职等,也有涉及立业的内容,如安业乐业、选贤任能等,还有涉及安全、经济和救助保障的内容,如遵礼守法、节用有度和教民恤民等。由大司徒所实施的这十二个方面的教化是借助王权自上而下的教化,和传统乡约中通过相约为善的自治方式而实施的"德业相劝"不同。"十二教"教化的着眼点是天下秩序的安排构建,而乡约中"德业相劝"的着眼点则首先是如何为乡民提供一个能够实现人生向上的更好过日子之法。

《吕氏乡约》所提的"德"的具体内容包括:"(一)见善必行,闻过必改。(二)能治其身,能治其家;能事父兄,能教子弟;能御童仆,能肃政教;能事长上,能睦亲故;能择交游,能守廉介;能广施惠,能受寄托,能救患难。(三)能导人为善,能规人过失,能为人谋事,能为众集事;能解斗争,能决是非;能兴利除害,能居官举职。"总共二十一条。大致来讲,(一)是德行的总纲,(二)是自律的德行,(三)是助人的德行。《吕氏乡约》提出"德业相劝"的思想之后,传统乡约都以劝德劝业为务,旨在倡导乡民"修品德""务正业"。

1.教民为善

为了提供让乡民们实现人生向上的更好过日子之法,乡约中"德业相劝"的主要课题是:用教化方式畅通、凝聚他们人生向上的正能量,以构建一个人人忠孝仁义、家家和睦互助的和谐乡村治理生态。《吕氏乡约》在"德业相劝"条的开首即指出:"见善必行,闻过必改。能治其身,能治其家。能事父兄,能事长上,能睦亲故。"这段话表明,参加乡约的乡民应该采取人生向上的态度,"见善必行,闻过必改",并将这种态度贯彻到修身、治家、与人交往之中。

后来朱熹在《增损吕氏乡约》中,开篇就提出:"事亲能孝,事君能忠。夫妇以礼,兄弟以恩,朋友以信。能睦乡邻,能敬官长,能为姻亲。与人恭逊,持身清约,容止庄重,辞气安和。衣冠合度,饮食中节。凡此皆谓之德。"这段话可以看作整个规约的灵魂,其他规约不过是这个灵魂的要求和体现。总的来看,这个灵魂体现着一种人生向上的精神。在修身层面，要有个合适的仪态；在治家层面，要能够相亲相爱；在与人交往层面，要能够尊敬和睦。在治身、治家、事人中都能实现向善。

《孟子·尽心上》曾讲了这样一段关于上古圣王大舜的事迹："舜之居深山之中，与木石居，与鹿豕游，其所以异于深山之野人者，几希。及其闻一善言，见一善行，若决江河，沛然莫之能御也。"意思是说，大舜早年居住在深山之中，与树木、岩石等自然万物同处，与野鹿、野猪等各种动物同游，虽然他的生存处境几乎接近野人的处境，但他同野人还是不一样，因为他每听到一句善言，看到一桩善事，就像长江、黄河决了堤，势不可挡地决然去学习、去推行。由这段材料我们可以看出，大舜之所以在近于野人的生存处境中仍然能够修德立业，其关键在于能够"见善必行"，久而久之，"积土成山，积水成渊，积善成德"。乡民们生活的乡村社会，虽然无法同都市生活的处境相比，但总比大舜"居深山之中，与木石居，与鹿豕游"的处境好。在如此不堪的处境中，大舜通过"见善必行"，修成了成圣之德，创立了外王之业。同理，乡民们在乡村生活里也可以通过修德立业以实现一个不断向上的人生。

王阳明的《南赣乡约》就要求乡民们："讲信修睦，务为良善之民，共成仁厚之俗。"他从自己"知行合一"的学说出发，主张："呜呼！人虽至愚，责人则明；虽有聪明，责己则昏。尔等父老子弟，毋念新民之旧恶而不与其善，彼一念而善即善人矣。毋自恃为良民，而不修其身，尔一念而恶即恶人矣，人之善恶系于一念之间，尔等慎思吾言，毋忽。"王阳明认为人人都可以实现人生向上，因为"人人心中有仲尼"，都有个与孔子成为圣人一样的内在根据，即"良知"。只要"致良知"就能实现人生向上，成圣成贤。"良知"是知，"致"为行，"致良知"体现着知行合一。他认为要想"致良知"就需要做好正念头的功夫。如同"好好色，恶恶臭"，当我们喜欢一个漂亮的东西、讨厌一种难闻的气味时，认为漂亮、难闻的这个"认为"是一种"念头"，属于知；喜欢、讨厌的好恶则是对"念头"的一种规范，属于行。由此，王阳明认为："一念发动处，便是行了。"要求参加乡约的乡民们做好"正念头"功夫，意识到"人之善恶系于一念之间"，不要因为别人曾经犯恶而"不与其善"，因为他一有善念就是一个善人，所以要鼓励别人向善；也不能自恃自己为良善之人而懈怠，不做"正念头"的修身功夫，因为自己一有恶念就会沦为一个恶人，自恃自己是良善之人而不用修养本身就是一种沦为恶人的恶念。

总之，《吕氏乡约》提出了"见善必行"的道德要求，《南赣乡约》进一步切身践行，指出如何把"见善必行"之知变成"见善必行"之行。这些传统乡约的推行，对于当时的蓝田地区和南赣地区之社会风俗和治安产生了积极影响。《吕氏乡约》推行后，《宋史·吕大钧本传》称"关中化之"。《赣县志·风俗》称《南赣乡约》颁行以后，赣县"人心大约淳正，急公输纳，守礼畏法，子弟有游惰争讼者，父兄闻而严惩之，乡党见而耻辱之"。

2. 倡民忠孝

朱熹在《增损吕氏乡约》中第一句话就是："事亲能孝，事君能忠。"王阳明的《南赣乡约》篇首的一句话也表达了对忠孝的重视，"自今凡尔同约之民，皆宜孝尔父母"。

中国传统文化中有个源远流长的孝文化。孝作为晚辈子女尊敬祖先、奉养父母的一种伦理行为，在以儒家文化为主流的中国传统文化中占有重要地位。正如晚清曾国藩所说："读尽天下书，无非是一个孝字。"孝本来体现的是子女对父母的亲爱与崇敬之情，但这个情可以施与君王。《大学》指出:"孝者,所以事君也。"把行孝的对象直接指向君王,把对君王不忠当作不孝的表现。在孝道思想理论化、系统化的总结之作《孝经》中,更详尽地论证了忠孝一体的思想。《孝经·士》章指出"事父以事君而敬同",意思是说用侍奉父母的方式去侍奉君主,所以在事君和事父之中所内蕴的臣对君的崇敬之情与子对父的崇敬之情是相同的,故孝可移作忠。所以《孝经·广扬名》章指出:"君子之事亲孝,故忠可移于君。事兄悌,故顺可移于长。居家理,故治可移于官。是以行成于内,而名立于后世矣。"这个移孝作忠的思想后来成为以孝治天下的理论基础。

在西方基督教文化看来,人类作为天地万物的物种之一,是上帝创造的,上帝为了解决我们的生存,还创造了奉养我们的万物,并委托人类代管,所以没有上帝就没有人类,我们一出生就蒙了上帝的神恩。在中国文化里,虽然没有形成西方这种唯一的、大写的人格神的信仰,但这种蒙恩与感恩之情也依然存在。《诗经》中有篇《蓼莪》诗:"父兮生我,母兮鞠我。俯我畜我,长我育我。顾我复我,出入腹我。欲报之德,昊天罔极。"这首诗把父母的养育之恩,写得至深至切。用今天的话来说,父亲生了我,母亲养了我。父母共同抚慰、哺育着我,扶助、培育着我,呵护、牵挂着我,出入还要抱着我。我要报答父母的这个像天一样大的恩德,永远没有能报答尽的时候。

在儒家看来,之所以要孝敬父母,是因为我们一出生就蒙了父母生养的恩情。俗话说,"孩的生日娘的难日",我们的成长,离不开父母的呵护。"慈母手中线,游子身上衣。临行密密缝,意恐迟迟归。"就体现了这种养育之恩。古人总习惯讲"鸦有反哺之义,羊有跪乳之恩",连禽与兽都有"反哺""跪乳"等感念父母养育之恩的情与行,何况贵为天地之灵的人呢? 人要想对孝道有自觉,首先应该有颗感恩的心。明代《文堂乡约家法》有"孝顺父母"条款,曾这样解释说:"父母生来有此身,一身吃尽二亲辛;昊天罔极难为报,何事尔曹不顺亲。"这也是从感念养育之恩的角度阐明子女尽孝于父母的道理。

虽然忠孝思想尤其是孝道思想今天还在提倡,譬如"孝敬父母"等,但今天的孝敬父母是一个家庭美德;传统重视的对单位、国家之忠诚美德,在今天则体现为"爱岗敬业""忠诚爱国"等职业、社会道德。然而,传统孝文化所实施对象不仅限于家庭、家族,孝道所提倡的感恩不仅局限在对自己生身父母上,还推及天地、君王(国家)和老师上,《吕氏乡约》创立者蓝田吕氏弟兄所受教的老师——张载,就在其倍受理学家推崇的《西铭》篇中提出过"民胞物与"思想。该思想把孟子推己及人的孝悌观念作了更深层次的引申,将孝道的对象推至宇宙,主张宇宙就是一个大家庭,天地为父母,君王为兄长,万民为同胞,万物为伙伴。张载可谓继宗圣曾子之后将儒家孝文化提升为宇宙伦理的第一人,他的"民胞物与"思想就是我们这些天地子女对天地父母的一种感恩,由这种感恩出发,可以让我们更好地珍惜绿水青山。

3. 劝民仁爱

在《论语·里仁》篇中,孔子强调"里仁为美"。乡约重视构建人人和谐友爱、家家和睦相助的和谐治理生态,旨在促成无血缘关系而同居一起的乡民,联结成为地缘共同体,这个地缘共同体同家礼所促成的家族共同体之间存在着一种同心圆关系。

如前所论,中国社会好像把一块石头丢在水面上所发生的一圈圈推出去的波纹,愈推愈远,也愈推愈薄,形成了一个有远近、亲疏的"差序格局"。处在这样一个"差序格局"中的每个人,所波及的第一个圈就是家族圈,家族是构成整个社会的最小单位,从家族到乡土,再到国家、天下,整个社会就是一个以每个人的"己"为中心的一个圈及一个圈逐圈衍展的同心圆。

在这样的"同心圆"型的社会结构里,儒家提倡一种既有一体之爱贯穿又有亲疏、远近差序的仁爱伦理。一方面,不仅对和自己有血缘关系的家族亲人要相亲相爱,对没有血缘关系的其他民众也要仁爱,乃至对天地万物也要爱护。吕氏兄弟的老师张载的"民胞物与"思想就是这一仁爱伦理思想的体现,张载作为关学大师、理学大师还有个爱好,喜欢听驴叫,因为他在"闻驴鸣"中感受到天地万物所形成的宇宙共同体的生命力。

一个家族共同体要通畅和谐,离不开讲孝讲悌实现"亲亲"之爱,《论语·学而》称:"孝悌也者,其为人之本与。"意思是说,这个彰显"亲亲"之爱的孝悌之道是实现仁爱之德的根本。传统乡约所植根的乡土社会也是一个共同体,这个共同体要想通畅和谐,自然也不能离开仁爱之德,孟子称之为"仁民"。"仁民"体现的仁爱程度虽然比"亲亲"弱但比"爱物"强,亲亲——仁民——爱物有个等差,不过都是仁爱之心所贯穿。在一体相爱的思想指导下,乡约所规范的乡土社会也有着乡民一家亲的诉求。

在《吕氏乡约》的结语中,参与传统乡约文化始创的吕大忠(吕大钧的哥哥)在解释《吕氏乡约》创作意图时指出:"人之所赖于邻里乡党者,犹身有手足,家有兄弟,善恶利害皆与之同,不可一日而无之。"他把乡党关系,比喻成一身之手足,一家之兄弟。邻里乡党之人,本无兄弟骨肉之亲,惟朝夕相处,生死可以相救,患难可以相恤,也成为休戚相关的生命共同体。可见,传统乡约可用相约为善的方式构建起一仁爱和谐的生命共同体。

4.读书勤业

孔子主张"先富后教",孟子提出治"恒产",都认为老百姓如果生计都没有保障,就很难有坚定的践行人生向上的"恒心"。用唯物史观的理论讲,物质生活条件决定我们的精神意识。春秋时期,辅佐齐桓公的管仲也曾提出"仓廪实而知礼节,衣食足而知荣辱",认为只有物质生活水平上去了,人的文明素质才能跟着上去。有鉴于此,传统乡约特别重视"各安生理"。传统社会有士、农、工、商四业,各有各的生理。明代章潢在《乡约总叙》中指出:"凡民各有生理,且如为农而勤于耕种,则稼穑有秋,而农之生理安矣。"俗话说,"业精于勤,荒于嬉",只有各安生理、勤于治业,才能有个殷实祥和的乡村社会。

不过,传统中国是农业立国,社会以农为贵,《清世宗实录·雍正五年(1727)》中记载:"……朕(雍正)观四民(指士、农、工、商)之业,士之外,农为最贵。凡士工商贾,皆赖食于农,以故农为天下之本务,而工贾皆其末也。今苦于器用服玩,争尚华巧,必将多用工匠。市肆之中多一工作之人,即田亩之中少一耕稼之人。"可见传统中国重农抑商的倾向。在这种政策下,社会保持了相对的稳定,但同时,小富即安、缺乏自律、宗派亲族的小农意识也不断滋生并抑制了农民的思想以及经济的发展、社会的进步。

当然,在四业中,首先是"士"业,"士之外,农为最贵"。有着"士"身份的传统读书人认为人的精神意识并不是绝对为物质生活条件所决定,颜回生存的处境虽然"人不堪其忧",一般人都无法忍受他那种生存窘境,可颜回依然能够做到"不改其乐",因为他有"三月不违仁"的贤德。孔子认为如果一个人缺失了内在的仁爱贤德支撑，很难"久处约，长处乐"。"约"可以理解成生存的窘境，"乐"可以理解成生存的逆境。俗话说，"饥寒起盗心"，人在生存困顿中很难固守住自己的本分，做不到"固穷"，而是"穷斯滥矣"。在人生的顺境中，又容易"得志便猖狂"，很难做到"居安思危"。孟子也指出有了仁爱贤德做支撑的"士"可以"无恒产"但有"恒心"，他们可以成为"威武不屈""富贵不淫"和"贫贱不移"的"大丈夫"。要想成为这样的一个"士"，必须读书明理。由此，传统乡约中特别重视读书教化在导民向善方面的积极功能。

乡约的鼻祖《吕氏乡约》解释"业"谓："居家则事父兄，教子弟，待妻妾，在外则事长上，接朋友，教后生，御僮仆。至于读书、治田、营家、济物、好礼、乐、射、御、书、数之类皆可为之，非此之类皆为无益。"显然，在这些关于"业"的项目中，有涉及治业的，治田、营家、济物；也有涉及读书教化的，譬如"教弟子""教后生""读书""好礼、乐、射、御、书、数"等。显然，传统乡约所说的读书，重在进行"明理"的教化。通过这种教化，可以明白做人的道理，而不仅仅是学习一些专业知识和生存技能。孔子称"君子不器"（《论语·为政》），认为君子最重要的是做一个人格健全的人，而不是某一方面专家。

传统乡约中基本都有以读书明理教化乡民的内容。《文堂乡约家法》中的"教训子孙"条款就凸显了读书教化的重要性，它说："孝顺、尊敬、和睦之事，既知自尽，又当以之教训子孙。盖我的父母即子的祖、孙的曾祖，我的兄弟即子的伯叔、孙的伯祖，我今日乡里，即是子孙他日同居的人。一时易过，百世无穷。既好了目前，也思子孙长久之图。故古人说道：百年之计，莫如树人。若人家有子孙者，用心教训，则孝敬、和睦相沿不了。读书者可望争气做官，治家者可望殷富出头，就是命运稍薄者,亦肯立身学好,如树木枝干,栽培不歇,则所结果子,种之别地,生发根苗,亦同甘美,是光前裕后第一件事也。"显然,《文堂乡约家法》是把整个乡村作为休戚相关、生生不息的有机整体,重视读书教化。认为读书教化是"树人"的百年大计,这个大计处理好了,就如同种植果子,虽然种的地不一样,但同样能生根长苗、开花结果,并且果子同样甘甜香美。反之,处理不好果子就长不好,土地就荒芜,整个乡土社会就没了生生不息的生机。

传统乡约都重视以劝德劝业为务,倡导孝行、颂扬德行、提倡节俭、劝学劝农、和睦乡里。到了明代,上层治理者意识到乡约对治理乡村的积极效能,于是,乡约制度被大力推行。《明太祖实录》卷二百五十五记载:"上命户部下令天下民,每乡里各置木铎一,内选年老或瞽者,每月六次持铎徇于道路,曰:'孝顺父母,尊敬长上,和睦乡里,教训子孙,各安生理,毋作非为。'"意思是说,由乡民长者或盲人手持铜铃,每月六次,来往巡回于乡里道路,劝谕乡民向善、忠孝、仁爱、读书、治业。

总之,传统乡约内容虽然各种各样,但劝人修德立业以实现人生向上的内容基本都具有,基本都遵循传统儒家修身、齐家、治国、平天下的范式来修德立业。这种"德业相劝"精神依然体现在今天的村规民约中,像"爱党爱国""孝敬父母""尊老爱幼""和睦邻里""爱岗敬业""遵纪守法",等等,都在各地制定的村规民约中有所包含。

三、过失相规的内容

如同钱币有两面,"过失相规"同"德业相劝"一起,从正反两面引导着乡民们的人生向上以实现整个乡村的良好治理生态。在《吕氏乡约》

中，列举出了三类"过失"。它指出："过失，谓犯义之过六，犯约之过四，不修之过五。"这三类过失中，最严重的是"犯义"之过，其次是"犯约"之过，再者是"不修"之过。

1.犯义之过

"义"通"宜"，是指行为的正当、适当，也是指"道义"。俗话说，君子爱财，取之有道。在传统儒家看来，君子应该"喻于义"，不应该"喻于利"。意思是说，一个文明人行为处事首先应考量该不该、当不当，而不是考虑获利之大小。求"利"无错，但一味求"利"，不顾道义，就不可以了。在《论语·里仁》篇中，孔子曾这样教诲学生："放于利而行，多怨。"意思是说，一个人如果老是拿着利大利小的尺子衡量现实生活中的人和事，那么他就老会有利之大小和得失问题，于是多怨。对待父母也是这样，如果常怀一颗感恩之心，就会觉得父母给予我们很多很多。相反，如果我们没有这颗感恩之心，而是计较来计较去，就会对本来恩情大于天的父母生养之恩麻木无感，反而觉得父母亏欠我们很多。这样，对父母就不会存敬意而是抱怨。

当梁惠王问孟子有什么举措可以有利于魏国强盛，孟子批判说"王何必曰利"，并指出如果魏国上下都相互争利、抢利，那么整个国家就会陷入上下"交征利"的混乱。要想避免这种混乱，就得让魏国民众学会以道义规范自己行为。同理，乡土社会要想实现有序和谐，自然也离不开道义的约束和规范。《吕氏乡约》共列举了六类"犯义之过"："一曰酗博斗讼，二曰行止逾违，三曰行不恭逊，四曰言不忠信，五曰造言诬毁，六曰营私太甚。"

首先是败业坏德的不义之举，这类行为有四种，即"酗博斗讼"。其中"酗"谓纵酒喧闹，"博"谓赌博，"斗"是打架骂街，"讼"是栽赃诬告，意图害人。在传统社会看来，这四种行为，都是对乡村生态最富破坏力的行为。就拿第一种乡村生活常见的酗酒行为为例。

中国酒文化源远流长。乡饮酒礼是中国重要的礼俗之一，但为酒所困是一种饮酒失当行为。这种失当行为如果不及时纠正，严重了就会害人害己。其中，酗酒就是饮酒失当的一种不义行为。人们在酒精刺激下，容易引起一些非理性行为，"酒后失言"，"酒后无德"。何谓酗酒？《吕氏乡约》解释为"恃酒喧竞"。朱熹的《增损吕氏乡约》解释为"酗谓纵酒喧竞"。到了明代章潢《乡约总叙》中解释为"酗谓纵酒无赖"。通过这些解释我们可以看出，酗酒之人借助酒的掩饰，放纵自己，嫖赌、斗殴等，都会对乡村社会和谐秩序造成破坏。另外，如果经常酗酒，也容易进一步沦为嗜酒如命的"酒鬼""酒徒"。俗话说，"酒是穿肠毒药"，酒能害人身体，摧残人意志。一个人沉湎于酒中，就会被酒所困，就像守财奴为钱财所困，在"酒鬼""酒徒"的世界里，酒成了他们的命根子，如此一来，这个人就很难把生活趣味、生命价值扎根在德业上。有鉴于此，传统乡约把酗酒作为坚决杜绝的"犯义之过"之首。

另外，像赌博、斗殴等也都是传统乡约坚决禁止的恶行。清顺治时期山东博山进士张联箕，在康熙年间去山西乡宁县做知县时，为改良乡宁乡村的治理生态，制定了在街头村路执行的"禁约八条"，其中第七条规定："赌博乃败家之缘由，做贼之根本。开场者譬如窝主，束手分财。赌博者譬如盗贼，夥瞒痴幼。各要严缉重究，一律连坐。"山东章丘文祖镇大寨村曾在清光绪九年立了块"大寨禁赌碑"，背面刻有"戒赌十条"，历陈赌博之害，指出：一坏心术，二丧品行，三伤性命，四玷祖宗，五失家教，六汤家产，七生事变，八离骨肉，九犯国法，十遭天谴。并引用了庞德公诗文曰："凡人百艺好随身，赌博门中莫去亲。能使英雄为下贱，解教富贵作饥贫。衣衫褴褛亲朋笑，田地消磨骨肉嗔。不信但看乡党内，眼前衰败几多人。"足见传统乡村对赌博之风的严禁。

其次还是行为上过失，一个是"行止逾违"，就是逾礼违法。一个人如果遵循礼法，就会不守规矩，犯上作乱，必然会破坏乡村秩序。另一个是"行不恭逊"，像侮辱怠慢德高望重的人，计较他人是非长短，恃强凌弱，知过不改、听到别人批评不虚心接受反而变本加厉等。

再者是言语上的过失。一个是"言不忠信"，为人谋事不尽心尽力，让人陷于麻烦境地；与人当面约定好做某个事情，一转身就不遵守承诺违背约定；说话不负责任，妄说事端、混淆视听。另一个是"造言诬毁"，诬陷他人，无中生有，小题大做，两面三刀，或者写匿名信嘲讽他人，揭发他人隐私，无端造谣生事，议论别人过去历史。

最后一个是经营行为上的过失，叫"营私太甚"，是指与人做生意过于贪心、只顾敛财，一心进取、不择手段，无故向人借钱寻贷，受人委托但不诚信、耍欺诈。

《吕氏乡约》所提六种"犯义之过"涉及到六个方面内容，从外在日常行为、言语习惯到内在私心，层层深入、层层规制，较为全面地规范了乡民行为，避免了对乡村文明和谐生态的破坏。

2.犯约之过

"犯约之过"实际上是《吕氏乡约》四大条款的反面，共分为四条："一曰德业不相劝，二曰过失不相规，三曰礼俗不相交，四曰患难不相恤。"

首先，"过失相规"是"德业相劝"的反面。不能做到德业相劝就是过失，譬如德业相劝要求乡民孝敬父母、和睦邻里，结果乡民没有做到，这就是过失。犯了这一过失，而没接受"相规"，这也是过失。

其次，不能做到"礼俗相交"也是过失。譬如，不管乡约在婚丧嫁娶等事情上的具体规定，大操大办；不爱护公共环境卫生，不节约，随手乱扔垃圾，让整个乡村的生活环境受到污染，等等。这些都违背了乡约所规定的与乡民文明交往、与自然和谐相处的礼俗，当然也是过失。

最后，不能做到"患难相恤"也是过失。乡约内或乡约外的乡民家里遇到了困难，参加乡约的成员要伸出援助之手进行帮扶，否则就是过失。某个乡民遇到了水火之灾，乡约的成员必须救助，否则也算过失。

3.不修之过

相较于"犯义之过"，"不修之过"属于"犯约之过"以外的轻过，共分为五条："一曰交非其人，二曰游戏怠惰，三曰动作无仪，四曰临事不恪，五曰用度不节。"

一是"交非其人"，指交友方面的过失。传统文化特别重视朋友的选择，《论语·学而》篇就提出："毋友不如己者。"《吕氏乡约》认为："所交不限士庶，但凶恶及游惰无行、众所不齿者，而己朝夕与之游处，则为交非其人。若不得已而暂往还者非。"意思是说，无论士人还是平民，都可以成为交友的对象。但凶恶之人、游手好闲的懒惰之人、为众人所不待见之人，如果是不得已暂时交往没问题，如果朝夕相处在一起，就犯了交非其人的过失。

二是"游戏怠惰"，指治业方面的过失。传统文化特别重视勤业，像大家熟知的"天道酬勤""勤能补拙"等，都表明了一种重"勤"的文化。《吕氏乡约》认为："游谓无故出入，及谒见人止务闲适者；戏谓戏笑无度，及意在侵侮，或驰马击鞠而不赌财物者；怠惰谓不修事业，及家事不治,门庭不洁者。"意思是说,"游"的过失是说饱食终日、无所事事,去拜见别人只是为了去闲聊、闲逛;"戏"的过失是指戏耍嘲笑没有分寸、故意侮辱怠慢别人,或只是纵马、耍球为乐,并不赌马、赌球;"怠惰"的过失是说不务正业,家事不管不问,家里脏乱不知清扫。

三是"动作无仪",指行为礼仪方面的过失。传统文化特别重视礼,孔子教诲爱子孔鲤"不学礼,无以立"。没了礼的规范,人就很难文明,就容易粗野,无法成为文质彬彬的君子。《吕氏乡约》认为:"动作无仪谓进退太疏野,及不恭者;不当言而言,及当言而不言者;衣冠太华饰,及全不完整者;不衣冠而入街市者。""动作无仪"是说,日常与人交往时,在行为上,进退无据,显得粗野,并且对人的态度也不恭敬;在言语上,不该说的时候说,该说的时候又不说;在着装上,穿戴过于华丽或衣冠不整。

四是"临事不恪",指行为处事上的过失。传统文化特别重视敬业,孔子曾说:"吾不与祭,如不祭。"认为不亲自去参加祭祀,找别人代替是不可以的,那样就像自己没去一样。《吕氏乡约》认为:"主事废忘,期会后时,临事怠慢者。"意思是说,经常忘记主要的事情,并且经常迟到,遇事消极懈怠等都算"临事不恪"。

五是"用度不节",指日常花费方面的过失。传统文化也提倡节俭,孔子指出:"礼与其奢也,宁俭。"认为礼仪不在于形式上多么奢华,而更多体现在内在精神和节俭之德上。《吕氏乡约》认为:"用度不节谓不计有无,过为侈费者;不能安贫,非道营求者。""用度不节"是指不管自己手上有无,一味追求奢侈浪费;不能安于贫困,不择手段地获得不义财富。

总之,《吕氏乡约》所列举的三种过失,"犯义之过"最为严重。杨开道先生指出:"惟有犯义之过,那种反社会的趋向,不道德的意义,比较的显著一点。"①后世的乡约虽然不像《吕氏乡约》这样明确提出三类过失，但一般也会涉及到，譬如元代的《龙祠乡社义约》中就提出，"如有无事饮酒，失误农业，好乐赌博，交非其人，不孝不悌，非礼过为，则聚众而惩戒，三犯而行罚，罚而不悛，削去其籍"，"在社之时，务辨尊卑之杀，别长幼之序，明宾主之礼，相为坐次，酬酢饮宴，言谈经史，讲究农务。不得喧哗作戏，议论人长短是非正法。违者罚钞一两"。其中，"无事饮酒，失误农业，好乐赌博"，可视为"犯义之过"；"不孝不悌，非礼过为""务辨尊卑之杀，别长幼之序，明宾主之礼，相为坐次，酬酢饮宴，言谈经史，讲究农务"，都可以视为"犯约之过"；"交非其人"则是"不修之过"。由此足见《吕氏乡约》的典范意义。

即使到今天，《吕氏乡约》所提出的"德业相劝，过失相规"的条款，其扬善纠过的精神，仍在当代村规民约中有所体现。据2015年7月12日合肥晚报《〈文堂乡约家法〉：流传至今徽州"弟子规"》报道：为了延续自明代就兴起的《文堂乡约家法》的优良传统，现在的文堂村村委会公约规定："每个村民要发扬团结友爱、互敬互爱的社会主义新风尚，邻里家庭之间应多互相帮助，即使发生矛盾纠纷，也不能采用过激的方式方法解决，要主动地寻求村里的老一辈或村里负责人进行调解，矛盾突出的寻求司法调解；每个村民要积极学文化、学技术，提倡科学，反对封建迷信，提倡婚事新办，提倡健康的文化娱乐，禁止赌博恶习……"

四、教化知耻的机制

2014年9月11日的《大众日报》有篇《"土杠杠"管住头疼事》的报

---

① 杨开道：《中国乡约制度》，商务印书馆2015年版，第75页。

道，称：8月24日，记者在茌平县杜郎口镇鲍庄村采访，听到一个故事。有户人家把垃圾堆在大门口，遭到保洁员常传迪责问："规定大家都要搞卫生，你家也签了责任状，怎么不打扫？"事主不以为然："你管得着吗？"三番五次之后，常传迪假装管不了那家，撂了挑子。常传迪"辞职"后，村支书常传华立马约谈事主："保洁员工作在谁那里卡了壳，就由谁接替或物色确定接任人选，村规民约里早就有言在先。常传迪不干了，这事儿您看着办吧！"当事主全村转下来竟没一个人给他好脸，事主这才知犯了"众怒"，回头赶紧道歉，又清扫了门前垃圾堆。"在一个村里，被乡亲们孤立是最大的惩罚。这样的效果，法律都很难做到。"

在这则案例中，体现着利用村规民约去规范、矫正村民行为过失，引导、劝勉村民正当行为，共同营造一个有利于村民人生向上、村里文明和谐的治理生态。在这种营造中，体现着一种导民向善的教化机制。

1. 彰善纠恶

在上述案例中，不清扫垃圾的事主之所以能够改正错误，其关键是他对自己的不当行为有了自省，唤醒了内在的知耻意识，从而悔过改过，起到了孔子说的"有耻且格"的治理效果。传统儒家文化特别强调知耻的道德感，《中庸》称"知耻近乎勇"。有了内在的知耻感，才可能一方面"见贤思齐"不断提升自己道德人格，另一方面"有耻且格"不断纠正自己不当行为。前者为"德业相劝"提供了内在动力，后者为"过失相规"提供了自纠机制。那么如何教化乡民知耻？

首先要有个能对不清扫垃圾的事主能够进行教化、类似于今天村委会的组织，传统乡约就是这样一个严密的教化组织。按照《吕氏乡约》规定，乡约组织一般由一个自然村落的乡民自愿组成，其领导者是约正,一般为一至二人,由全体约民推举产生。约正的主要职责是裁决是非、主持公道、平息纠纷、实施赏罚。约正依靠所拥有的社会权威来行使职能,并对违反乡约的乡民,根据其性质和轻重,强制性地给予不同程度的处罚。

其次,《吕氏乡约》中对于违反约条的约众,根据犯约情节的轻重程度,分别给予"众议"(相当于今天全体会议上当众批评警告)"书籍"(相当于今之记过)"罚金一百""罚金五百"乃至"开除约籍"等不同程度的处罚。在这些处罚中,"众议""书籍"较为常用。因为按照儒家思想重教化、轻责罚的宗旨,这些处罚仅仅是维护道德规范的辅助手段,重点在于教化知耻,让民众"有耻且格",不在于让民众因为恐惧处罚"免而无耻"。

《吕氏乡约》即规定,"犯轻过,规之而听及能自举者,止书于籍,皆免罚"。本来,吕氏在制定乡约时规定有罚则,犯义罚钱五百,不修或者犯约罚钱一百,不同情节有加重或从轻准则。朱熹在修订时从自愿角度考虑,删除了罚钱规定,仅仅保留了"书籍"(记录)、规劝等举措。

明洪武五年(1372年),明太祖朱元璋诏令各地修建"申明亭",用以书写乡里百姓所犯的恶行,自此以后,许多乡村都设有"旌善""申明"二亭,凡有善、恶之行,都在亭里登载出来,晓示乡民,以示劝惩。譬如《正德永康县志》卷二《建设》记载,浙江金华永康县城里的申明亭建在该县仁政桥东边十余步的地方,"悬教民榜其中,差老人日直亭,剖理民间户婚田土争竞小讼,并书其过犯悬焉"。里中百姓凡有不事生产、怠惰本业的,老人就要根据教民榜例严加惩治。相较于"书于籍"的纠过方式,"书于亭"的方式更为强硬,能使犯过者更能强烈地知耻、更容易无地自容。正是考虑到了这一点,王阳明在《南赣乡约》中设计为:"置文簿三扇,其一扇备写同约姓名及日逐出入所为,知约司之。其两扇,一书彰善,一书纠过,约长司之。"并且要遵循忠厚之道,"议彰善者其词显而决,纠过者其词隐而婉",意思是说善行要以明确的语言来表彰,而过失则用隐晦、委婉的语言说出来,"如有人不弟,毋直曰不弟,但云闻某于事兄敬长之礼颇有未尽,某未敢以为然,姑书之以俟,凡纠过恶皆例此"。

到了清代这种做法继续沿袭,陕西咸宁市咸安区发现的两块清代乡规民约石碑,分别是同治年间所立的"奉示严禁碑"与立于清光绪年间的"革面洗心碑"。这两块石碑刻录的内容主要是推广社会教化,如教导民众在家中要懂孝悌、尊敬父母,在家外要和睦相邻,懂廉耻礼仪,尽力做好自己分内职责,守信义,不能欺弱、欺压良善、诱害良民,不得贪恋人妻,不得开设烟馆;如有冤屈,请官府查明,不得取人性命,毒害对方。到了清代,每逢朔、望宣讲圣谕完毕前,进行善恶两册的登记,被登记的人是由甲长察十家中某人为善,合于"圣谕"者。

在人人相熟的乡土社会里,"面子"的确至关重要。20世纪90年代,有部农村题材的电影叫《秋菊打官司》,故事发生在中国西北一个小山村。秋菊的丈夫王庆来为了自家的承包地与村长王善堂发生了争执,后被村长一怒之下踢中了要害,整日躺在床上干不了活。秋菊是个善良有主见的女人,此时已有六个月的身孕,丈夫被踢伤,她便去找村长说理,村长不肯认错,秋菊认为这样的事一定得找个说理的地方。电影中的秋菊一家之所以不断上告村长,一个重要的原因,就是村长不该踢了丈夫要害,而且道歉没诚意。村长之所以不愿接受乡派出所李公安的调解,向秋菊一家道歉,也是出于自己的面子:身为一个村长"领导"竟然被村民给告了。

可见,为了维护"面子",善恶之行被公之于众,就会起到很好的教化知耻功效,让每个乡民产生"见贤思齐"和"不贤内自省"意识,从而形成一个不断改过迁善的内在机制。

2. 以罚弼教

彰善纠过仅停留在口头警告、记过的形式上,目的是通过教化让乡约成员知耻,从而实现"德业相劝""过失相规"。然而,过失轻重不同,教化对象自觉程度有差异,为了更好引导约民向善、实现乡村和谐,还需要对违反乡约者予以惩罚。尽管由于文化传统、价值观念以及地域环境的诸多差异,各地乡约组织制定的惩罚方式不尽相同,但总体来看,刑罚主要包括财产处罚、体罚、精神处罚乃至出约等。

一是财产处罚。这是通过部分直至全部剥夺其财产,来惩罚有过失者的方式,主要有罚钱、罚物、赔偿、罚酒席、罚请戏班等多种措施。《吕氏乡约》即有"犯义之过,罚五百。不修之过和犯约之过,罚一百"的规定。除罚钱之外,有些乡约组织还依据各自的特殊情况和所居地区的习俗,对有过错者处罚各种实物,其中包括罚修宗祠,罚请酒席,罚请戏班唱戏等。据2014年11月17日《厦门晚报》的《儿童聚赌 破坏植被 都要"罚戏一台"》报道:福建同安县莲花镇云洋村有两块"公禁碑",其中,清代嘉庆年间(1811年)立的碑有个条款称:"儿童聚赌,无论何人,一经触见或报知,罚戏一台,席乙筵,以警效尤",1930年立的"公禁碑"则定了5条规则,其中有3条谈及儿童赌博,称:"儿童如敢违约偷赌,有人报说,奖赏大洋二元,以彰正直"。两块"公禁碑"上都出现了"罚戏一台"的惩罚措施。"罚戏一台",人们往往相互转告来看戏,违规事实被广而告之,既惩戒和教育被罚者,又能满足村民精神生活需求,一举两得。事实上,早时人们的物质生活也很匮乏,因为惩戒手段除了"罚戏一台"外,还有"席乙筵",通俗来说就是请人吃饭,被罚者邀请乡贤吃饭。在同安其他地方的乡规民约中,也有"罚饼"的做法,即请村里的人吃饼。在当时,能够吃到饼,也是难得的事,对被罚的人来说,绝对是教训深刻。

二是体罚。既有罚跪、打手、掌嘴等较轻的责罚,也包括杖责、枷号等较重的体罚措施,主要被宗族组织用来惩诫不肖子孙,自然村落、乡约以及会社等血亲关系较为松散的民间组织基本不使用此类惩罚。清朝光绪年间安徽《寿州龙氏家规》就订有带严厉体罚性质的规范12条,对家人族众犯"忤逆""凶横""赌博""酗酒""盗窃""强葬""伐荫""邪淫""抗粮""争讼""轻佻""刻薄"等罪行的,根据情节轻重处以责杖二十到四十、带枷示众、公议罚处、送官究治,甚至重责、送官究治并罚等。

三是精神、名誉处罚。此类惩罚方式类似于"书于籍"和"书于亭"的做法,但明显比前两者的惩处更为直接明显,主要是通过毁损受罚者的人格和名誉或剥夺其在组织中的权利、资格等手段,促使他们反思过错。如明代吕坤制定的《乡甲约》规定:"各州县做竖牌十面,长二尺,宽八寸。凡不养父母,时常忤逆者,牌书不孝某人。骨肉无恩,尊长无礼,夫妻无情,父子生分,牌书不义某人。……各用大字,钉于本犯门左,每会跪约听讲,街民不与往来。"江苏江阴任氏家族特刻制有"不孝之家"的匾额,如若族内有人犯有"不孝"的过失,即将此匾额挂在他们家的大门口,使过往行人一目了然。在熟人社会里,名誉、面子对每个成员至关重要,这种惩罚效果非常显著。

四是资格剥夺。对严重违反规约者,除了扭送官府之外,乡村社会组织还纷纷作出了"削谱""出族""出约""出社"的终极处罚。对于有着紧密血亲关系的宗族组织来讲,"削谱"和"出族"是族内对有过失的族众所给予的最高处罚,这通常就意味着不再承认他们是宗族的成员,不再享受族内的一切权利。朱熹的《增损吕氏乡约》,在"过失相规"一条后面写道:"谢过请改则书于籍以俟,其争辩不服与终不能改者皆听其出约。""出约""出社"即是乡约对犯过成员的最高处罚。显然,在以农业经济为主导的相对封闭的中国传统乡村社会中,从组织内部被革除,就意味着将失去赖以生存的基本条件和救济来源,"熟人规则"的普遍存在,也意味着流落异乡是很难落脚谋生的,因而,组织资格的被剥夺在当时是比体罚、罚钱等更重的惩罚。

五是鸣官。除上述四类惩罚方式外,几乎所有的传统乡约都会采用"鸣官"的处罚方式。所谓鸣官,即上告官府,就是由官府来实施惩罚。鸣官时,乡村社会组织中的领袖往往会采用"连名出首"的方式,以示此人的罪行为全体组织成员公认,予以严惩是组织成员的公意。

需要说明的是,处罚只是导民向善手段,而不是目的,治病救人、惩前毖后,让乡民们见不贤内自省才是根本。王阳明在《南赣乡约》中写道:"若有难改之恶,且毋纠,使难所容,或激而遂肆其恶矣。约长副等须先期阴与之言,使当自首,众共诱掖奖励之,以兴其善念,姑使书之,使其可改;若不能改,然后纠而书之;又不能改,然后白之官;又不能改,同约之人执送之官,明正其罪;势不能执,戮力协谋官府,请兵灭之。"可见,对乡民的处罚是在教化基础上实施的,它本身也只是对教化的辅助行为。

第三章　礼俗相交，文明和谐——乡约的化俗功能

　　礼仪是文明的象征。《礼记》曰："鹦鹉能言，不离飞鸟，猩猩能言，不离禽兽，今人而无礼虽能言，不亦禽兽之心乎？"在古人看来，鹦鹉和猩猩虽然能说话，但依然处在动物界，关键就是没有礼的规范，只有在礼的规范下，人才能在社会上立足。孔子教育儿子孔鲤："不学礼，无以立！"中国具有五千年文明历史，素有"礼仪之邦"之称，中国人也以彬彬有礼的风貌而著称于世。礼仪文明作为中国传统文化的一个重要组成部分，对中国社会历史发展有着广泛深远的影响，其内容十分丰富，涉及的范围十分广泛，几乎渗透于社会的各个方面。古代乡民以习礼的方法来践行乡规民约，可使人们获得道德教化，通过礼仪对乡民的精神道德、性格气质进行潜移默化地塑造，可培养乡民优良的德性、淳朴的民风。

一、礼俗为治的文化

　　提起社会治理，我们一般常说"人治"与"法治"两个类型，并很自然地将传统中国的治理文化归结为"人治"类型。其实这两个概念，并不能准确地表现它们的内涵。法治并不意味着不需要人的因素存在，人治也并不说明没有依照法律来实现统治。法治是说社会上人和人的关系

是根据法律来调整和规范的，但法律还得靠权力来支持，靠人来执行，法治其实是"人依法而治"。费孝通先生的《乡土中国》指出："所谓人治和法治之别，不在人和法这两个字上，而是在维持秩序时所用的力量，和所根据的规范的性质。"①在人人、人物相熟的"熟悉"社会中，人人、人物之间的交往到底应该是依循法规还是遵守礼俗？

1.乡约生成的礼俗社会基础

维持乡土社会秩序的就是我们常说的"礼"。礼是社会中具有普遍认同性的行为规范。行为合于礼，就是说这些行为是做得对的，是合乎规范的。单就行为规范这一点说，礼和法律无异，法律也是一种行为规范。礼和法不相同的地方在于维持规范的力量。法律是靠国家权力来推行的，国家是代表政治权力的组织，在现代国家没有形成前，部落也拥有政治权力；礼却不需要这有形的权力机构来维持，维持礼这种规范的是传统，也就是习俗，传统乡村社会是依靠一些礼仪习俗（简称礼俗）来实现治理的。

人类不同于鹦鹉、猩猩只是依靠本能生存，虽然人类本能在不断退化，但人类终归不同于动物，因为人有学习能力，上一代尝试出来的成果，可以传递给下一代。唯物史观认为"人是历史的剧中人"，人们一出生就处于不同的"既定"历史条件中，譬如今天年轻人一出生，就活在"既定"的互联网时代。一代又一代所处的"既定"条件，有两种类型：一类是如手机这些产品所体现出的生产技术方面的可以日新月异的条件；另一类是如传统文化中的某些习俗所体现出的具有相对稳定性的条件。这些相对稳定的文化习俗经历一代又一代的累积，就会积淀成一套

① 费孝通：《乡土中国》，北京出版社2005年版，第69页。

有助于人们生产、生活的行为范式。就每个人类个体而言，在他出生之前，就已经有人替他准备如何去应付人生道路上所可能发生的问题了，他只要"学而时习之"就可以了。

费孝通先生认为，传统乡村社会是安土重迁的，是生于斯、长于斯、死于斯的社会。就像陶渊明所构想的"桃花源"，乡民们可以不分秦汉、更无须知晓魏晋，代代如是地生活在自得其乐的环境里。在这种环境里，个人不但可以信任自己的经验，而且可以信任先辈的经验。一个在乡土社会里种田的老农所遇着的只是四季的转换，而不是时代变更，一年一度，周而复始，前人所用来解决生产、生活问题的方案、范式，尽可继承沿袭下来作为自己生产、生活的指南。

费先生在书中举了这样一个例子。他在抗战时，疏散在昆明乡下，他们初生的孩子整天啼哭不定，因为找不到医生，只有请教房东老太太。老太太一听哭声就知道孩子牙根上生了个"假牙"，这个"假牙"是一种寄生菌，孩子吃奶时就会发痛，但不吃奶孩子又饿。如何医治这个"假牙"？老太太用咸菜和蓝青布去擦孩子的口腔，如此擦了一两天，果然好了。因为这地方每个孩子都会生这种病，所以每个母亲都知道应该怎样治。这种治法只是作为一种行之有效的经验，只要环境不变，没有新的细菌侵入，这套未必符合科学的应付方法，总会有效，既然有效也自然不必问理由了。

费先生认为："如果我们在行为和目的之间的关系不加推究，只按着规定的方法做，而且对于规定的方法带着不这样做就会有不幸的信念时，这套行为也就成了我们普通所谓'仪式'了。"①礼本来就是一种遵循仪式行为的文化。《礼记》指出礼的精神在于"毋不敬"，是说礼并不

①　费孝通：《乡土中国》，北京出版社2005年版，第73页。

是靠一种外在的权力来推行的，而是从教化中所养成的一种个人对礼的敬畏之感，使人主动服膺这个仪式。孔子很重视对礼仪的敬畏性、服从礼仪的主动性，当爱徒颜渊问他如何修养仁爱美德时，他说："克己复礼为仁。一日克己复礼，天下归仁焉。为仁由己，而由人乎哉？"（《论语·颜渊》）颜渊请他讲得具体些，孔子又提出，"非礼勿视，非礼勿听，非礼勿言，非礼勿动"。礼俗显然是和法律不同了，甚至不同于道德。法律是从外限制人的，不守法所得到的惩罚是由特定的权力加之于个人的。人可以逃避法网，逃得脱还可以骄傲、得意。道德是社会舆论所维持的，做了不道德的事，见不得人，那是不好；受人唾弃，是耻。礼则有甚于道德，如果失礼，不但不好，而且不对、不该、不成。有句老话叫"食不言，寝不语"，虽然今天我们可以从吃饭时说话影响消化、睡觉时聊天影响睡眠的角度分析这句老话的科学性，但这句老话的文化意义则是传统礼俗的"老理（礼）"，人们即使在没有人的地方也不能不讲究这些"老理（礼）"。这些老理（礼）要靠个人养成的践行习惯去维持，一旦养成了这种习惯就会成为有教养的人，否则就是不文明。即使在今天吃饭时大声喧哗，唾液四溅，有些人等着美食一上来，就忙着用手机喊哩喀喳一通乱拍，再发到微信圈，让人点赞，也都是失礼行为。

可见，人对礼的服膺是主动的。礼俗则是经教化过程而成为主动服膺于传统的习惯经验。孔子一再用"克"字、"约"字来形容礼的养成，以礼俗治理社会会自然而然生成一种人人循礼的良好秩序。

2. 乡约组织是个礼俗共同体

按照《乡土中国》的分析，《吕氏乡约》设计的聚会仪式较为简单，只是乡民共同参与的集体性活动，并在活动中赏善罚恶。"聚会"条目规定,约中之人,"每月一聚,具食;每季一会,具酒食"。 到了朱熹的《增损吕氏乡约》,"聚会"扩展为"月旦聚会读约之礼",对聚会做了详细的说明,包括场所的选择、布置、参与者出勤的次数要求。聚会增加了向尊长者行礼的仪式。集会时,约正、副约正、直(值)月身穿深衣,先在本家行礼,次在东序互拜,再引约众礼拜尊者、长者和稍长者。最后,由直(值)月引稍少者、少者和幼者礼拜约正,以此强化乡约组织内部的长幼尊卑顺序。

另外,乡约还增加了朗读和解释约文的环节,这一条也被明、清乡约继承发展,并依据订约者的不同意图修改朗读的内容,如朗读皇帝的圣谕以增强乡约合法性,朗读家规、族规以促进家族内部的和睦等。朱熹在《增损吕氏乡约》中对善行恶行规定:"善行,由直(值)月朗读一遍;恶行,则仅限于传阅。"这也体现了乡约理念的独特之处,即扬善为主,惩恶为辅。这一理念在明、清时期也得到延续,王阳明在《南赣乡约》中规定:"当会前一日,知约预于约所,洁扫张具于堂,设告谕牌及香案南向。当会日,同约毕至,约赞鸣鼓三,众皆诣香案前序立,北面跪听约正读告谕。毕,约长合案扬言曰:'自今以后,凡我同约,只奉戒谕,齐心合德,同归于善。若有二三其心,阳善阴恶者,神明诛之。'众皆曰:'若有二三其心,阳善阴恶者,神明诛之。'皆再拜。以次出会所,分东西立,约正读乡约。毕,大声曰:'凡我同盟,务遵乡约。'众皆曰:'是。'乃东西交拜,各以次就位。"接下来就是彰善、纠恶仪式。《南赣乡约》要求善行要以明确的语言来表彰,而过失则用隐晦、委婉的语言说出来。对于有过失者的惩罚,目的是让他们改正而非惩处,因而惩罚方式必须有所节制:对个人过失,让他喝酒自罚;对于群体过失,则是乡约领导自责教化无方,并饮酒自罚。通过饮酒营造的非正式惩罚情境,减少了严厉的成分,保全了过失者的面子。

通过这套仪式，可以培养乡约组织成员的敬畏感、服膺乡约组织的主动性以及对乡规民约的认同度。正是在践行仪式的过程中，乡约成员通过"克己"，形成对乡约礼仪的主动服膺，从而实现"复礼"，即自觉执行乡约中所制定的规范、制度。

在今天社会主义新农村建设中，人人、人物之间关系由传统的遵礼俗、重情理的方式向依法规、重法理的方式变迁。《秋菊打官司》这部电影就反映了这种变迁。在这个小山村，首先人人之间还有着一定人情暖度。虽然秋菊先后到县公安局和市里上访告村长，还向人民法院起诉，但除夕之夜秋菊难产，村长依然带领村民冒着风雪送秋菊上医院，使她顺利产下一名男婴。这是小山村历代遵循的"患难相恤"的礼俗。秋菊一家对村长非常感激，村长让她们家丢的"面子"在这次村长和村民救助中找回。尤其重要的是，这个救助事件让秋菊一家深刻感受到了，她们和村长及全村村民都属于一个共同体，联结他们的就是相熟情谊的礼俗。

民不告官也是这个小山村村民历代遵循的礼俗，秋菊执拗地告状，打破了这个民不告官的礼俗，她的行为是对这个礼俗共同体的破坏，所以在被村长和村民救助后，她们一家就不再提官司的事了。如果秋菊最初打官司是为讨要个说法，她最后放弃则是村里人常说的那句"做人要讲良心"。本来乡约文化中应该有个"过失相规"机制，但随着乡村社会的变迁，这一机制慢慢失效，才有了秋菊向上级要说法、打官司的行为。村长打人违背了国家法规，必然要受到一定处罚，虽然秋菊一家不继续告村长了，但还是出现了这样一幕：正当秋菊家借庆贺孩子满月改善与村长关系时，市法院发来判决，村长因伤害罪被拘留。

二、家族相交的礼俗

传统乡约组织作为重视相熟情谊的一个礼俗共同体，首先相熟的就是家族里的亲人，所以传统乡规民约尤其是建立在血缘基础之上的宗族规约都将处理家庭内部成员关系作为首要任务，针对父母与子女、兄弟姐妹之间、夫妻之间以及妯娌之间等纷繁复杂的家庭关系，多会提出"父慈子孝""兄友弟恭""夫义妇顺""各守本分"等行为规范标准和要求，在一定程度上体现了家族成员相互交往的礼俗文化。

1.父慈子孝：父子相交的礼俗

传统乡村社会中，父子关系被看成是家庭伦理关系的核心部分，也是所有家庭关系中最为亲近的血亲关系。"父慈子孝"被认为是最理想的父子关系模式。这种模式并不是"父为子纲"式的单方向子顺从父的模式，也不认同"父叫子亡，子不得不亡"的父权专制文化。

在这样的礼俗影响下，作为父亲，要慈与严有机结合，不可过分，不可越礼，更不可过分溺爱子女，使其为所欲为。《三字经》讲"子不孝，父之过"。古人论证说，世间不肖子的根苗多由父母酿成，父母爱惜儿子原是好意，殊不知子若不教，就像一棵小树苗不好好扶正就很难长成参天大树，反而把孩子一世都给害了。这孩子长大后做的种种坏事归根结底总跟父母未能好好帮教他有关，及至家业被他破坏，祖宗被他玷污，父母妻子被他连累，那时父母欲舍他不得，欲教他又不能，方才知道当初纵容他的坏处。有鉴于此，传统乡约要求父母尽到教育子女并使其成人成才的责任和义务，并把教育下一代当作"德业相劝"条款中"立业"的重要内容。譬如《文堂乡约家法》即指出："若人家有子孙者，用心教训，则孝顺和睦相延不了,读书者可望争气做官,治家者可望殷富出头,就是命运稍薄者,亦肯立身学好。"《堠山钱氏宗谱·箴三公家训》的"治家"条款也提出:"儿过纵则开怙宠之门,偏任必之爱憎失宜,漏卮难塞,过纵必至骄者方恣流荡难羁。"对于孩子,如果用心教育,可以安身立命,甚至出人头地,成就大器;如果一味骄纵,"漏卮难塞",就像一把有漏洞的壶,怎么装水都会流出来,最终"方恣流荡难羁",恣意妄为,难以约束、规范。

另一方面,作为子女还要执守"孝道"。子女尽孝的重要性前文已及。古人认为孝乃百行之原,万善之首,上足以感天,下足以感地,明足以感人,幽足以感鬼神。孔子解释说,一个孝子应该"生,事之以礼;死,葬之以礼,祭之以礼"(《论语·为政》)。作为一个君子,自生至死,时刻都不敢忘对父母之孝。如何孝父母? 古人有个谚语称:"孝不如顺。"认为孝贵在使父母安心、顺心。何为安顺父母的心? 就是凡事要听父母教训,做好人,行好事,不可越礼犯法,惹祸招灾,大则扬名显亲,小则安家乐业。为子者须要时刻把父母的心细细体贴,着意尊敬,不敢有一些冲撞言语,不但承欢膝下不违逆,即使父母不在面前,我们的所作所为,凡是让父母担忧的,我们都要及时改正,惟恐亏体辱亲,这才叫做孝顺。古人称:"天下无不是的父母。"总之,只有子女对父母在物质上给予了保证,在心理上给予了安慰,在精神上使其得到了快乐,方才算是真正尽到了"孝道"。

这种"父慈子孝"的父子关系模式在传统乡规民约中得到了大力倡导,特别是作为"仁之根本"的孝,更是在宗族类乡规民约中得到了淋漓尽致地宣扬和发挥。譬如,安徽寿州龙氏宗族乡约,就要求其族人:"宜念乾父坤母,生我劬劳。贫则寂水承欢,富则旨甘备养。"不管自己日子是穷还是富,都要感念父母养育之恩,都要赡养、孝敬父母。

需要说明的是,传统皇权专制下的社会,把"国"和"家"并提,因此家庭关系也被纳入政治范畴,同君臣放在一起,并称"三纲",即"君为臣纲,父为子纲,夫为妻纲"。受这种思想影响,传统乡规民约宣扬和提倡的"父慈子孝"的父子关系中,对"子孝"的单方面要求远远大于和多于对"父慈"的要求规范,在实践中很多方面也体现出对父母之言不加判断盲目顺从的"愚孝"思想,使得这两者之间的关系显得不是那么平等和互动。但同时,我们也必须承认,倘若能把握好一定的度,"父慈子孝"应该是一个至今都有益的有关父子交往的文明礼俗。

2.琴瑟合鸣:夫妻相交的礼俗

儒家重要经典《中庸》指出:"君子之道,造端乎夫妇。"在中国传统社会,婚姻的主要目的虽然在于联合两性、传宗接代,但作为家庭其他关系构成基础的夫妻关系,其好坏与否不但直接影响到家庭其他关系的续存,更关乎家道的兴衰,因此,传统社会并不排斥建立良好的夫妻关系。夫妻之道应该阴阳和谐,古人用琴瑟合鸣比喻夫妻恩爱和谐的关系。

明初大儒方孝孺配合朱元璋的六谕,撰写处理父子、夫妻、兄弟、朋友关系的"四箴",其中"夫妻箴"就描述了这样一种琴瑟合鸣图景:"夫以义为良,妇以顺为令,和乐祯祥来,乖戾灾祸应,举案必齐眉,如宾互相敬。"这幅图景告诉我们,丈夫应以道义作为为人处世根本,妻子应该以听话顺从为根本。如果夫妇和睦,家庭就会非常祥和;如果夫妻别别扭扭,家庭就会出现灾祸。所以夫妻要相亲相爱,相互尊重。后来,这一理念被为数众多的传统宗族类乡规民约视为最理想的夫妻相处模式。

如何实现夫妻和睦呢?《论语·学而》中,孔子学生曾经提出过这样一个夫妻交往的规范，叫"贤贤易色"，朱熹解释为"贤人之贤，而易其好色之心"。如果将这一精神贯彻在夫妻之间，就是说对妻子，重品德，不重容貌，要把好色之心，改成爱好美德之心，夫妻之间才有了百年好合的保障，当然，说起来容易，但做起来挺难，连孔子都叹"未见好德如好色者"。如果不能贤贤易色，那么夫妻之间感情就难以长久，家庭就难以和睦，生活中出轨者、出墙者导致家庭破裂、妻离子散者，比比皆是。在吴越钱氏的家规中，有个《武肃王遗训》指出："婚姻须择阀阅之家，不可图色美，而与下贱人结缡，以致污辱门风。"阀阅之家是说有功勋的世家。这一条款不可避免地带有传统社会的门当户对、尊卑有等的观念，但"不可图美色"的教诲符合儒家"贤贤易色"的精神。

当然，并不否认，由于受到传统三纲五常思想的毒害，"夫为妻纲""三从四德"等这些具有夫权专制色彩的思想比较强势。这里的"纲"就是支配和统治。因此，在传统文化里，和社会有阶层之分一样，家庭中各成员的地位也是不平等的。为了强化夫妻间的不平等，儒家及其他学派的社会理论还特意强加给女子一种非常苛刻的行为规范体系和道德评价标准，即所谓"三从""四德"。"三从"指"未嫁从父""既嫁从夫""夫死从子"；"四德"是指"德"（妇德）"言"（辞令）"容"（仪态）"工"（女红）四方面的修养。

在皇权、父权、夫权专制影响下，传统乡村社会中大多的夫妻关系是一种夫主妻从、夫制妻顺的不对等关系，缺乏最起码的平等性，即使到今天，男女不平等还在村规民约中时有体现。但是，传统乡规民约所倡导的建立在"举案齐眉""相敬如宾"基础之上的琴瑟和鸣的夫妻关系，对于当代社会健康平等的夫妻关系的构建无疑也具有一种正面的导向作用。

3.同气连枝:宗亲相交的礼俗

在中国古代传统的宗法血缘社会中,强调血缘认同,认为父子、家族内兄弟姐妹之间的关系重于没有血亲关系的夫妇和朋友之间的关系。本着兄弟友好利于家庭和睦、利于家道长传的目的,传统宗族类乡规民约大多训诫兄弟之间要友好相处。方孝孺的四箴之一"兄弟箴"指出:"兄须爱其弟,弟须敬其兄,勿以纤毫利,伤此骨肉情。周公赋棠棣,田氏感紫荆。连枝复同气,妇言慎勿听。"意思是说,当兄长的要爱护弟弟,做弟弟的要尊敬兄长。不要因为鸡毛蒜皮的小事,而伤了兄弟和气。

方孝孺用了两个典故,一个是相传周公曾作《棠棣》来表达兄弟之情:"棠棣之华,鄂不韡韡。凡今之人,莫如兄弟。死丧之威,兄弟孔怀。原隰裒矣,兄弟求矣。脊令在原,兄弟急难。每有良朋,况也永叹。兄弟阋于墙,外御其侮。每有良朋,烝也无戎。丧乱既平,既安且宁。虽有兄弟,不如友生。傧尔笾豆,饮酒之饫。兄弟既具,和乐且孺。妻子好合,如鼓琴瑟。兄弟既翕,和乐且湛。宜尔家室,乐尔妻帑。是究是图,亶其然乎。"

将这首诗大体翻译过来就是:"棠棣花开朵朵,花儿光灿鲜明。凡今天下之人,莫如兄弟更亲。遭遇死亡威胁,兄弟最为关心。丧命埋葬荒野,兄弟也会相寻。鹡鸰困在原野,兄弟赶来救难。虽有良朋好友,安慰徒有长叹。兄弟墙内相争,同心抗御外侮。每有良朋好友,遇难谁来帮助。丧乱灾祸平息,生活安定宁静。此时同胞兄弟,不如朋友相亲。摆上佳肴满桌,宴饮意足心欢。兄弟今日团聚,祥和欢乐温暖。妻子情投意合,恰如琴瑟协奏。兄弟今日相会,祥和欢乐敦厚。全家安然相处,妻儿快乐欢喜。请你深思熟虑,此话是否在理。"显然,该诗以朵朵盛开的棠棣花起兴,描绘了一幅兄弟情深、家庭和睦的图景。

第二个是讲田家三兄弟分家产的故事。从前山东聊城朝城县苗头村（即今山东莘县大王寨乡苗头村）有田真、田庆、田广三兄弟，"议分财产，资皆均平。堂前有紫荆树，茂甚，议分为三，其树即枯。真叹曰，树本同株，闻将分斫，所以憔悴，是人不如木也。因悲不自胜，兄弟复同居，愈相友爱，紫荆复茶茂如故"。人称"田真双荆"，也称"紫荆传芳"，经《醒世恒言》开篇《三孝廉让产立高名》传播天下。

这种兄弟等族内亲人"同气连枝"的相交礼俗，在传统乡约、族约中多有体现。吴越钱氏家规中《武肃王遗训》指出："戒听妇言而伤骨肉。古云：妻妾如衣服，兄弟如手足，衣服破犹可新，手足断难再续。"这条族规一方面充满了对夫妻关系特别是对妇女人格的轻视，这是我们今天必须坚决反对的；另一方面用手足之间血脉相连比喻兄弟关系，还是蛮恰当的。曹操的两个儿子曹丕与曹植交恶，曹植写下了著名的七步诗，其中有句"本是同根生，相煎何太急"。《堠山钱氏宗谱·箴三公家训》的"治家"条款也提出："兄弟乃一体所分，全要休戚相关；不可以床第之言致伤手足之谊。"浙江上虞雁埠《章氏家训》更是将兄弟和谐相处上升到孝敬父母的高度，提出："天下最难得者，兄弟；易得者，钱财。盖钱财或失，可以复得；兄弟一失，不能再得。况兄弟早于夫妇，久于父子。"并认为如果兄弟不和，父母心就难安。

在中国传统乡村社会里，农业生产主要依靠人力加少量畜力来进行，人口众多的家庭在农业生产活动中无疑占有明显的优势，因此，即便是从现实的角度考虑，"同居共翼"也应是传统乡村社会大多数人所认为的最理想化的家庭模式。由此，传统乡规民约大多宣扬和提倡"合家"思想，即便实在要分家，也务必做到《平湖朱氏祠规》所讲的"兄弟分家，义让为美。不得霸占，以失手足之情，而伤父母之心。有恃强攘夺者，族长查明,押号均分,照攘夺之多寡,酌量示罚"。

的确,当今中国的广大农村地区,纯粹依靠人力劳动已经远远不能适应农业生产的发展要求,更多要依靠农业科学技术的进步,加之,随着计划生育政策的实施,农村的家庭结构日益小型化,核心家庭越来越多,这些客观因素都使得传统社会中那种动辄数十人甚至上百人聚族而居的情况,变得既没有必要,也不大可能。但是,传统乡规民约中所倡导的家庭内部成员和睦相处、相互友爱的思想,无论是在过去、现在或是将来都应一直是我们中华民族积极倡导并努力追随的至宝。

三、乡邻相交的礼俗

在传统的乡村社会,"皇权不下乡",国家政权对乡村社会存在管理缺失,在这种情况下,大多数乡规民约都贯彻孟子提出的"出入相友"、与邻为善的和谐社会治理观。传统乡约组织正是靠着对这种和谐治理观的提倡和引导,有效地保证了乡村社会人际关系的总体和谐以及社会秩序的基本稳定。时至今日,这种传统的处理邻里关系的理念和思想,对于中国农村社会的进步和健康发展,对于新农村的精神文明建设依然具有很强的适用性。

1.尊老睦邻:日常交往的礼俗

乡规民约涉及到宾仪、吉仪、嘉仪和凶仪四种礼仪,并将这四种礼仪细化为若干条目,这其中既有家庭的礼仪,也有社交的礼仪。除了《吕氏乡约》,吕氏还制定了《乡仪》来配合《乡约》,或许因为吕氏乡仪是由家仪扩展而成,所以关于家庭礼仪的规定颇为不少,而社会礼仪只占较少比例。"礼俗相交"是关于婚丧、祭祀、交往等方面的礼仪规定,内容包括:婚嫁丧葬按照礼经所载或家传旧仪,乡人交接和往还书信共同商量一法,相互庆吊约定一法,婚嫁庆贺的礼物约定一个标准,婚丧之礼相互帮助器物和人力,一共五个方面。《吕氏乡约》试图通过这些礼节的规定,来树立尊老敬贤的社会风气,以便化导乡民,移风易俗,达到维护封建礼教的目的。具体包括:

(一)凡婚姻、丧葬、祭祀之礼,要求遵守《礼经》的规定,或"从家传旧仪"。(二)凡与乡人交往或书信往来,要言明"当众议一法共行之"。(三)凡遇庆贺或吊唁,要求由家长代表,与同约者前往。如果用书信,也按这个办法。若家长有事,或是与庆贺或吊唁的对象不相识,则由"其次者当之"。所助之事及所赠之物,则"临时聚议,各量其力,裁定名物及多少之数"。若关系的亲疏程度不同,则"各从其情之厚薄"。(四)凡赠送物品,根据情况的不同,所赠送物品的种类和价值也有所区别。例如婚嫁及庆贺,用币、帛、羊、酒、蜡烛、鸡、兔、果实之类,所值多不过三千,少至一二百;丧葬,"始丧,则用衣服或衣段以为襚礼,以酒脯为奠礼,计直(值)多不过三千,少至一二百。至葬,则用钱帛为赙礼,用猪、羊、酒、蜡烛为奠礼,计直(值)多不过五千,少至三四百";灾患如水火,少至二三百。(五)凡帮助做事,"婚嫁则借助器用,丧葬则又借助人夫,及为之营干"等。

南宋时期,朱熹结合《吕氏乡仪》中的称谓、行辈、宴饮、庆吊等四个方面的礼节,又做了一些具体而有益的增删,要求其族人不论是接客待人、祭祀祖先、家里座次,尤其是宗族祭祀,皆应依照上下尊卑嫡庶亲疏之别,严格进行,不得有丝毫马虎。和《吕氏乡约》配套的还有个《乡仪》,所以《吕氏乡约》关于礼俗之交的内容比较粗略,有鉴于此,朱熹进行了详细修订,其增加的"礼俗之交"分为"尊幼辈行""造请拜揖""请召送迎""庆吊赠遗"四类。

尊幼辈行即以年龄划分相当于辈分的尊卑。因为乡约针对的是没有亲属关系和宗族关系的同乡,所以用长幼作为"准辈分"。以当事人的年龄为基准,分为五等:长于自己20岁者为尊者(相当于父辈),长10岁者为长者,上下不满10岁者为敌者(相当于自己),少于10岁为少者,少于20岁为幼者。

造请拜揖分为三条:一是节日谒见尊者长者的服饰礼仪,二是谒见过程的行为礼仪,三是道路偶遇的举措礼仪。

请召送迎分为四条:一是邀请之礼,二是聚会座次排法,三是敬酒与答拜之礼,四是送行之礼。

庆吊赠遗也分为四条:一是吉凶庆吊的范围和人员,吉事相庆(冠礼、生子、预荐、登科、进官之类皆可贺,婚礼不贺但相助),凶事相吊(丧葬、水火之类)。二是庆吊的仪式、赠物规矩、行为方式、吊礼服饰。三是吊丧注意事项。四是遣使制度。

总之,在日常交往的礼俗方面,蓝田吕氏有专门研究,朱熹在对《吕氏乡约》增损中进一步突出了尊老敬长的理念,并对庆吊细节做了大量增补。其用意在于以礼俗作为切入点重建乡村秩序,具体细节此处从略。对礼俗相交之事,朱熹规定由值月主持,"当纠集者督其违慢。凡不如约者,以告于约正而诘之,且书于籍"。

此外,传统乡规民约还通过对贵贱、长幼、亲疏、贫富等差别的强调,要求民众各有其次序,各自遵守其规矩,以此来维护社会等级制度。康熙年间江苏常州的《毗陵长沟朱氏祠规》规定:"族中敦伦,尊卑有序。少年每日见尊长,拱手致敬,坐则起立,行则让道,虽宴饮合欢,不许戏谴。"安徽歙县《潭渡孝里黄氏家训》规定："子孙受长上呵责,不论是非,但当俯首默受,毋得分理。"这个宗族家法族规还规定："子侄虽年至耄耋,凡侍伯父,俱当隅坐,随行不得背礼贻讥。"这些都充分体现着尊老敬长的理念。

针对乡村社会中邻里之间的关系处理,"尊老""睦邻"等乡规民约的制定和执行,使得"礼""义""忠""信"等符合中华民族传统伦理道德规范的思想深入到古代乡村社会的各个角落,并利用强大的社会舆论对组织内部成员的行为进行有效的监督和约束,净化了当时的乡村社会风气,保证了乡村社会软环境的健康循环。明代以后,随着国家介入到乡约推广,"洪武六训"的宣讲成为乡约教化的一部分。如前所引,洪武三十年(1397年)颁发《圣训六谕》,明太祖"命户部令天下民,每乡里置木铎一,选年长或瞽者每月六次持铎徇于道路,曰:'孝敬父母,尊敬长上,和睦乡里,教训子孙,各安生理,毋作非为'"。随着乡约的盛行,六谕加入乡约内容之中,成为被皇权支持的合法化的保障,其中体现尊老睦邻理念的"尊敬长上,和睦乡里"成为六谕中的重要内容。之后,为更好地宣扬六谕,"尊敬长上"诗曰:"贵贱尊卑自有论,明明令典属当遵;愚民不识纲常重,甘作清时一罪人。""和睦乡里"诗曰:"物与同胞本是亲,百年烟火对荆榛;出门忧乐还相共,莫把天涯比邻邦。"随着乡约的推广,这些理念体现着优秀的中华民族的传统美德,绵延不绝,源源流传,成为中华民族发展延续的强大精神支柱和动力源泉。

作为孝悌思想的延伸和发扬,敬老、睦邻等爱众思想也在宗族化的乡规民约中得到了大力推崇和倡导。譬如《衢州孔氏家规》就敬老作出了专门的规定,"族中有高年者,必须进揖退让,礼以优之,若以年迈并兼贫贱,决不介意,其尊尊之道何,此所当知"。同时,不少乡规民约都要求其约众之间务必和睦宽容,缓急相济,有无相通,不以小忿而生嫌隙。环山余氏宗族《余氏家规》即规定:"邻里乡党,贵尚和睦,不可恃挟沿气,以启衅端。如或事尚辩疑,务宜撰之以理,曲果在己,即便谢过;如果彼曲,亦当以理谕之。彼或强肆不服,事在得已,亦当容忍;其不得已,听判于官,毋得辄逞血气,怒詈斗殴,以伤和气。违者议罚。"

2.息讼罢争:纠纷化解的礼俗

面对纷繁复杂的乡村社会生活,单纯由国家法治理显然力不从心,加之官僚政治体制只到县一级,县以下不任用官吏统治,政府对乡村社会的控制能力较弱,面对基层问题,国家法律鞭长莫及。而在乡村社会现实生活中,则是日日有争讼。

2016年8月16日的《联合早报》中某篇谈国家治理的文章,讲了这样一个故事:在福州偏远山区某一村庄,有两邻居关系不和,经常有一些争执和吵架。其中一家村民养了三只鸡,而隔壁那家养了一条狗。有一天,这狗突然袭击三只鸡,咬死两只,伤了一只。本是小事,因为双方的积怨而事态升级。鸡的主人说这三只鸡是种鸡,要邻居赔偿他3000元人民币,狗的主人不愿意,双方相持不下。乡镇干部介入调停,认为三只鸡赔300元就可以,但鸡的主人不同意,调停无果而终。此后鸡的主人上访到上级政府,不仅投诉邻居还告乡政府办事不公,后来一路上访到了北京,乡政府因此被上级政府严厉批评,要求到北京领回上访者,一切费用由乡政府承担。乡政府最终替狗的主人赔偿鸡的主人3000元。据说,这故事还没有结束,狗的主人也认为乡政府的处理有不妥之处,也加入上访行列。

在传统中国农村,这种争论更是屡见不鲜。乡民之间常因财产、土地、山林、水源、坟地等产生利益冲突，或者因选择婚配不慎重，轻易许诺，过后毁约，而导致互相争讼不休甚至发生械斗。乡民们经常为了些小事告到官府，诉讼之风盛行，民间稍一失意则讼，讼必求胜，一旦不胜又结仇隙。诉讼所争的事情可能很小，但事因事果枝蔓相牵，诉讼的人累数事不止。中国历代县以下行政组织没有审判权，县令（知县）既是行政长官，又是司法长官，根本无法处理如此繁多的乡间矛盾，只得依赖于乡村自身化解。在这种情形下，乡规民约化解乡民矛盾的功能就体现出来了。

由此，乡规民约理所当然地承担起了弥补国家法不足的任务。乡民之间发生纠纷后一般不能直接向官府起诉，而是先由坊正、村正、里正等这些管理乡村的小吏调解。王阳明的《南赣乡约》规定："亲族乡邻，往往有因小忿投贼得仇，残害良善，酿成大患。今后一应斗殴不平之事，鸣之约长等公论是非。或约长闻之，即与晓谕详解释；敢有仍前妄为者，率诸同约呈官诛殄。"意思是说，在乡间，亲族、乡邻中总有人往往因为一件小事而愤恨不平，而招致贼匪以寻衅复仇，致使残害良善乡民，酿成大祸。《乡约》规定，今后凡是有斗殴不平之事，先要告诉约长来公论是非曲直，或者约长听说后，要马上予以劝导。如果有人胆敢像以前那样妄为，约长就率领乡约成员告知官府重惩严办。王阳明之后的吕坤的《乡甲约》也记载："民间纠纷，甲长报之约正、副，即与扶理。"

明中期以后，乡约普遍具有调解处理民间纠纷的职能，并且因为其调解处理必须斟酌王法、天理、人情，具有一定的强制性。明代在乡、里用来张贴榜文、申明教化的亭子，同时作为进行民间调解的处所，人称"申明亭"。申明亭是明代乡、里进行民间调解的常设机构，由曹老、里长主持并形成制度，规定于法律，可谓明代民间调解工作的一项创举。

对此,《大明律》也予以肯定:"凡民间应有词讼,许耆老里长受于本亭剖理。"

面对"天高皇帝远"的乡村生活中出现的各种矛盾和纠纷,"息讼"就成了乡民在传统中国特有的法律制度下解决争讼方式的选择,他们按照当地通行的土办法,解决他们的问题,效果也很好。比如清代萧山《朱氏家谱》告诫乡民:"和乡里以息争讼……令其和息。"乡民遇到纠纷一般都不愿意诉至官府,而在其生活区域内谋求更体面的解决方法,即调解。事实上,中国传统乡间的大多数争讼都是按照乡规民约的要求就地解决的,真正通过审判解决的民事案件和每天发生的争讼的数量相比往往是十之一二。

其实"息讼"这一理念,源于孔子。他曾指出:"所讼,吾犹人也,必也使无讼乎。"(《论语·颜渊》)《乡土中国》用足球裁判的例子讲述传统乡村社会之所以"无讼"的情理①。足球比赛时,裁判官吹了哨子,说那个人犯规,那个人就得受罚,用不到由双方停了球辩论。最理想的球赛是裁判员形同虚设(除了做个发球或出界的信号员)。为什么呢?那是因为每个参加比赛的球员都熟悉比赛规则、制度,而且是在双方都同意的规则、制度之下比赛,裁判员是规则、制度的权威,他的责任是察看每个球员的动作是否违反规则、制度。一个球员并不会在裁判员的背后,向对方的球员偷偷地打一暗拳,如果发生此类事情,不但裁判员可以罚他,而且这个球员,甚至全球队的名誉即受影响。球员对于规则、制度要谙熟,技艺要能做到从心所欲而不逾规的程度,需要长期的训练,如果发生有意犯规的举动,就可以说是训练不良,也是指导员的耻辱。

所谓礼治就是对传统习以为常的礼仪习俗所成的行为规则、制度的

---

① 费孝通:《乡土中国》,北京出版社2005年版,第78—79页。

服膺。乡民在生产、生活中的各个方面,人和人之间的各种关系,都有着一定的符合传统礼仪习俗的规则、制度,行为者对于这些规则、制度从小就熟习,无须追问理由而认为是理所当然的,长期的教育已把外在的制度化成了内在的习惯。维持礼俗的力量不在身外的权力,而在身内的良心,所以这种秩序注重修身克己。理想的礼治是每个人都主动守规矩,不必有外在的监督。在这个意义上,乡村里所谓调解,并不仅仅是对调解对象的规制,其实更多是对调解对象的教育。

福州山村的那两家人不断上访,可见缺乏邻里和睦这一传统礼俗的规制,他们不是诉诸生而固有的良知,而是诉诸外在的权力。就像两个小朋友打架,先找老师,如果老师调解不了,就搬来家长,家长再摆不平就去寻找更大的外在权力,甚至动用黑社会,事态就会步步恶化。能否像《南赣乡约》所言"敢有仍前妄为者,率诸同约呈官诛殄"?

3. 文明风尚:禁止不良的习俗

历代乡约都重视乡村文明风尚的建设。有一类乡规民约针对乡民不良习气,通过大量的禁止性规范对乡民的不当行为进行约束,对违反者采取一定的惩罚措施,旨在通过惩戒,塑造乡村良好风尚。如以禁赌害、禁斗殴、禁私宰耕牛、禁争讼告状、禁图产争、禁烟害、禁赛会演戏、禁习邪教等为内容的乡规民约。

赌博之害,如前所论。禁赌是大多乡约极力反对的事情。明清时期,山东章丘赌风盛行,至清朝中晚期,赌风愈演愈烈,淳朴的民风不再,鸡鸣狗盗之事蜂起,社会秩序破坏殆尽。民众对此深恶痛绝,屡起禁伐之声。于是地方乡贤或联名上书官衙,痛陈聚赌之害,由官府批示谕禁,以端风化;或指导村民联名同立禁碑,以儆效尤。在山东济南章丘垛庄北明庄的原七圣堂旧址，就有块道光十三年（1833年）四月初八所立的《禁赌碑》，其碑文曰：

> 盖上古先民洞居而处，自主民以来，未有不入孝出弟者也，各敦仁义忠信而乐善不倦，皆为党乡（乡里）之遗风。为喟今不然，叹世不同古，何伤怀之甚也！于是敝庄耄（年长者）期议于世也，兹者年富后生，正韶华堪美之时也，不宜博弈（指赌博）而饮酒，亦不当好勇而斗，或游猾而奸狡，可慨已哉！嬉游何益耶？然而，家道渐萧条，将危而倾败者也，不可胜言焉。何不劝生谋食之计乎！自于今后，阖庄公议禁止赌博，无论何等之人，盖一免赌，尚有不尊法例而硬赌者，无论亲眷厚薄，均罚京钱（即大钱）六千入官公用，敬立碑石，告后人者，是为记。

其次，有些乡规民约会对有伤社会风化的行为加以禁止。如清朝李光地为其家乡撰成的《同里乡约》前五条之二："伦理风俗所关，奸淫为甚，为士者犯之，尤不齿于人类。以后如有淫荡男女，不顾人伦，大坏风俗者，察知素行，立逐出乡。如有容留，即系约正、邻右之责。其以犯奸闻者，务须发觉送官，不得于约所薄惩塞责。"上文所提及的清康熙年间乡宁县"禁约八条"，其中也有规定："亲属有服者，俱不得为婚，载在律条。至于兄弟易妻，法当两绞，而昔年陋俗，因死者遗孤缺人抚养，辄以叔嫂招赘，恬不知怪，竟有投递婚书求批照者，坏风乱伦，大可悲悼，以后当痛行禁止，即前不知而犯者，俱当离异。"在传统乡约看来，男女相淫、兄弟易妻等都是有伤风化之事。

再者，为倡导勤俭风尚，克服奢靡之风，历代出现了大量禁止奢靡的乡规民约。1670年刊行的山东博山第一本志书《颜神镇志》中，记载了大司马张晓之子伊阳县知县张联翼离任回乡后制定的关于厉行节俭的乡村公约，即《博山乡村公约》。该约围绕书札、交际、宴会、婚礼、丧礼、冠服六项内容，凸出了节俭风尚。例如"宴会"条款规定："俗以奢为厚。今约，大会每两位一桌，果菜各四碟，荤素八器，小菜四碟，不用果米，面饭三道。非远客官席，不用独桌，不加汤饭。仆从止一汤一饭，求饱而止。寻常偶坐，荤素四器，米面饭各一碗，口酌清淡，适情而可。"与张联翼重视节俭的风尚相应，其弟张联箕在山西乡宁县所制定的"禁约八条"中，也力倡节约风尚，规定："一、山右素号勤俭，荒残之后，元气未复，不可习尚奢华。凡婚嫁，称家有无，男女服饰不得滥用珠翠金银。至娼优，妆饰膺分，更宜严行禁止。一、酒筵蔬肴，各不过五器，食果菜碟称是。汤饭三道，攒盒一具，其花枝粘果，看席鼓乐，俱宜革去。拜名礼贴止用，古折单柬，全幅手本，一概停止。"

对于一些邪教、邪术等，传统乡约也提出禁止。鬼神虚妄，这些"莫须有"的事物，容易蛊惑人心，迷人心智。传统儒家文化一贯反对邪教、邪术惑乱人心。孔子就不语"怪、力、乱、神"，主张"未能事人，焉能事鬼""未知生，焉知死"。但这些邪教、邪术在传统乡村却屡禁不止。我小时候，本县某村曾发生了这样一桩惨剧：某村民把自己亲生母亲用磨盘活活压死了。公安人员追问他原因，他说他媳妇长期生病卧床，邻村一个巫婆讲是因为有个蛇精经常吸取他媳妇的精气，他母亲就是这个蛇精附身。他以为他不是要压他的母亲，而是要压那个蛇精。这个儿子之所以做出这种伤天害理的荒诞之事，就是因为邪术迷了其心窍。明代章潢所编的《乡约总叙》中，解释圣谕"毋作非为"条款指出："民俗有等非僧非道之人，倡北方白莲之教。往往全家斋素，诱因妇女，败伤风化。

此左道乱政者也，律有重刑，毋遗后悔。如有违教不悛，仍在地方者，约正副即便呈官治之。"

总之，传统儒家素来就重视文明风尚的建设问题，上文引用过这样一句话，"君子之德风，小人之德草"，意思是说，风朝哪里吹，草就向哪里倒。如果乡约成员都能很好地遵循乡约规范，修养君子之德，那么在乡村里就会兴起一个良好风尚，形成一个良好的治理生态。

四、人与自然相交的礼俗

在上古时代，中华民族的祖先就已经意识到维护自然生态平衡对人类社会可持续发展的重要性。《国语·周语》记载，周灵王二十二年（公元前550年），灵王之子晋劝阻其父雍塞谷水，云："晋闻古之长民者，不堕山，不崇薮，不防川，不窦泽。夫山，土之聚也；薮，物之归也；川，气之导也；泽，水之钟也。夫天地成而聚于高，归物于下；疏为川谷，以导其气；陂塘污庳，以钟其美。是故聚不陂崩，而物有所归，气不沉滞，而亦不散越。是以民生有财用，而死有所葬。然则无夭、昏、札、瘥之忧，而无饥、寒、乏、匮之患，故上下能相固，以待不虞，古之圣王惟此之慎。"

这段话意思是说，古代的执政者，不毁坏山丘，不填平沼泽，不堵塞江河，不决开湖泊。因为山丘是土壤的聚合，沼泽是生物的家园，江河是地气的宣导，湖泊是水流的汇集。天地演化，高处成为山丘，低处形成沼泽，开通出江河、谷地来宣导地气，蓄聚为湖泊、洼地来滋润生长。所以土壤聚合不离散而生物有所归宿，地气不沉滞郁积而水流也不散乱。因此百姓活着有万物可资取用，而死了有地方可以安葬。既没有夭折、疾病之忧，也没有饥寒、匮乏之虑，所以君民能互相团结，以备不测,古代的圣明君王惟有对此是很谨慎小心的。按照周太子晋的理解,不毁高山,不填沼泽,不堵江河,不决湖泊,这是古代人与自然和谐相处的最高准则。

1.生态保护:人与万物相共生

先秦儒家思想非常重视人与自然的和谐相处,处处强调"仁民爱物"。上文中所讲的孟子的亲亲、仁民、爱物,张载的"民胞物与"思想都很好地体现着人与自然万物和谐共处的理念。

要想与天地万物和谐共处,首先要节制人类的欲望,按照大自然的节奏、万物生长的节律来安排人类行为。《论语》记载孔子"弋不射宿,钓而不纲",不捕射归巢的鸟,不用网将大小鱼捞尽,而是只钓鱼,意思是说要有节制地合理利用资源,维护生存环境的可持续性。《礼记·祭义》记载:"夫子曰:断一树,杀一兽,不以其时,非孝也。"《孟子·梁惠王上》也记载过孟子对梁惠王说的一段话:"不违农时,谷不可胜食也;数罟不入洿池,鱼鳖不可胜食也;斧斤以时入山林,材木不可胜用也;谷与鱼鳖不可胜食,材木不可胜用,是使民养生丧死无憾也;养生丧死无憾,王道之始也。"《礼记·月令》则明确要求要根据动植物的自然生长规律进行适时的砍伐和田猎,并对每个季节的田猎行为进行了具体规定。由此可见,传统儒家认为自然界是互相联系、互相作用的有机整体,人类作为有机整体中的重要一分子,应该遵循自然规律,"以时禁发",唯有如此,方能达到"天人合一"的理想境界。

儒家的这种生态伦理思想也广泛存在于传统乡规民约中。在古代朴素的自然生态与资源保护思想和国家法令的影响之下,乡民也逐渐意识到,自然生态与资源环境,如水源、草场、森林、农田等对其生存和发展有着根本性作用,一旦生存环境遭到破坏,就会危及公众的共同利益。因此,各地乡村纷纷成立了封山会、禁山会、青苗会等民间组织,并参照国家法令关于农时、林时、渔时、牧时节令的相关规定,制定了各具特色的族规祖训、寨规村约、会款盟誓等成文或不成文的民间规约,对与此有关的诸如采伐权、狩猎权、放牧权、捕鱼权、用水权等与经济生产、生活有关的权益纠纷,来进行规范和调处。

清代名臣李光地在自己故乡制定和实施的《同里乡约》,最后一条是:"山泽之利,节宣生息,则其利不穷;摧残暴殄,其余有几。乡俗动辄放火焚山,遂至大陵广阿,经冬如赭。林薮无资,樵苏何赖,若乃长溪深潭,一经毒害,微鲵绝种,民俗贫薄,此是一端。以后须立厉禁,察出主名,合乡究治。"(《榕村别集》卷五《同里乡约》)李光地提出要合理利用山泽之利,做到"节宣生息",不能无节制地开发。并且认为"一经毒害,微鲵绝种,民俗贫薄",有了维护物种多样性的意识。

2.环境保护:留住青山与绿水

古时的林木,按照用途的不同,可以划分为族产林、风水林和道旁林三种,它们除了共同起到维护村落居住环境的作用之外,还各有特殊意义。族产林,作为宗族组织内部的公共财产,其作用主要是增加宗族收入,并以这些收入进行包括资助族内子弟上学、族内鳏寡孤独的赡养等一系列族内公益事业活动;风水林,则被视为是保佑村落长治久安、繁旺兴盛的神圣之地;而道旁林,在美化村落居住环境的同时,也能起到防止山体滑坡堵塞道路的特殊作用。

传统乡约充分认识到了山地林木不可或缺的重要作用,所以普遍制定和实施了严禁砍伐林木的制度。以《文堂乡约家法》产生地徽州的文堂村为例,该村山林资源丰富,世代都坚持祖坟山、水口林、护风林以及新生毛竹林严禁砍伐的规矩。规定:"各户祖坟山场祭祀田租,须严守旧约,毋得因贫变卖,以致祭享废缺。如违,各户长即行告理,准不孝论无词","本都远近山场栽植松杉竹木,毋许盗砍盗卖。诸凡樵采人止取杂木。如违,鸣众惩治"。晚清时期文堂村曾有个不肖子弟,偷盗了祖坟山上的树木,后经族长提议,按照家法进行了处置。

据2015年7月12日《合肥晚报》所刊《〈文堂乡约家法〉:流传至今徽州"弟子规"》报道,改革开放以后,祁门各地办起了木材加工厂,四处收购生产原料。而文堂村为保护村中的林木,按照县里要求,率先成立了山林保护小组,划定了自然保护区,严禁村民和贩子进入公益林和水口林等区域砍伐收购木材。2003年7月25日,木材贩子陈某利欲熏心,到文堂村大仓组收购公益林木材,被村民得知,村里族老和村组干部五十多人集聚大仓桥上,阻止他的车队通行。但陈某自认为胆大的吓死胆小的,竟然喊手下下车打人。县公安局和林业派出所出动,抓捕了陈某,并判处有期徒刑五年。从那以后,没有任何贩子到文堂村收购非法木材。目前,文堂村四周茂林修竹,郁郁葱葱;古树苍劲,粗壮挺拔。这些皆得益于祖先制定的乡约家法和自古至今一以贯之的坚持。

需要特别说明的是,传统乡约不仅充分认识到了山地林木的重要作用,更重要的是还看到了破坏林木所造成的严重后果。如明末清初源头李氏族人为保护生态、防止水土流失,于清道光八年(1828年)订立"输山碑"规约。此碑立于皖南仙寓山(安徽石台)的古徽道旁,碑文指出:"募修岭路,挨路上下之山,必先禁止开种,庶免沙土泻流壅塞。斯为尽善乐助,有功兹幸。众山主矢志好善,自岭头至岭脚,凡崎岖之处,不论公私,永远抛荒;平坦处,挨路,上输三丈、下输二丈,永禁开挖。"

这些材料证明，传统乡民们已经注意到森林植被对于防止水土流失、涵养水分、保护环境的重要作用。古代乡村许多民间组织都专门制定了相应的规约，严禁随意毁林垦种、破坏植被。如前所引，2014年11月17日《厦门晚报》的《儿童聚赌 破坏植被 都要"罚戏一台"》报道：福建同安县莲花镇云洋村在清嘉庆年间的"公禁碑"上规定："祠堂后园林及大埔上草根，概不许损折铲刮，违者罚戏一台"，明确禁止村民破坏草根、植被。"民以食为天"，植被若遭到破坏，引发水土流失等环境问题，意味着农民的庄稼收成会受到很大影响。清咸丰元年（1851年），今贵阳市乌当区金花镇下铺村的村民在回龙寺前共同竖立了一块"禁止碑"，规定："凉亭内不准挖泥；小山坡不准开石，挖泥，割柴叶、茨草；贵州坡不准开石、挖泥；大石板及敲邦候不准开山、挖泥、看牛、割柴叶、茨草；官塘不准担水；外面骑马与抬轿，不准进堡过道。以上五条如若不遵，罚银四两六钱是实。"这五条，有四条同保护环境有关，涉及到植被、水资源等方面保护。正是由于传统乡规民约的禁规严密、惩治苛刻，在客观上培养了乡民种植和保护林木的习俗，提升了乡民们守住绿水青山的意识。

第四章　患难相恤,互助互救——乡约的救恤功能

　　俗话说,"一个篱笆三个桩,一个好汉三个帮"。 人与人之间应该以什么方式相处? 显然,人类文明提倡的不应该是一种动物本能式的生存竞争关系,而应该是一种互助合作关系。春秋战国时期的儒家提倡仁爱,人与人之间要"守望相助";墨家则提倡"兼相爱,交相利",主张如果人人兼爱互助,整个社会就会呈现一种"非攻"的和谐治理生态。总之,一个文明社会应该是"一方有难,八方支援"。中国传统乡约文化在传统的仁爱、兼爱等优秀文化影响下,也力倡一种仁爱互助的文化,提出"患难相恤",要求参加乡约的乡民凡是遇到成员甚至乡约组织以外的其他乡民发生水火灾祸、盗贼、疾病、死丧等患难之事,都要给予救助。这种以乡民自治方式实施的救助是传统乡村社会开展的相互救助的自救行为,是对国家救助的有益补充。

一、互助互救的文化

　　天有不测风云,人有旦夕祸福。农业生产没有办法做到时时风调雨顺,常会遭遇干旱、洪涝等自然灾害。虽然是"天作孽不可违",但传统文化力倡人的能动性,认为人能够参赞天地化育,可以将灾害对人的伤害、

所带来的损失降到最低限度。

1.一体相爱的互助文化

按照传统文化的看法,"天地大德曰生"。这种让自然界生生不息、到处充满活力的品性是天地最重要的德性,人应该契合天地生生之德,让整个宇宙中人和万物成为和谐有序的生命共同体。虽然天地也有不测风云,带来一些自然灾害,但这并不是天地的常规常道,生生又生才是天地的常规常道。天地在乾元、坤元两个相辅相成的至上力量作用下让人和万物不断生与成,人要继承这两种至上的"元"力量,成就自己内在的仁爱德性。仁爱之德本来植根于宗法血缘中,最初体现为亲亲,到了春秋战国时期,孔子把仁爱延伸至仁爱他人,认为一个有仁德的人应该承继天地生成人和万物的"元"力量,把亲亲之爱推及至仁爱他人乃至万物之爱。

孔子力倡"仁者爱人"。有个成语叫"始作俑者",是讲孔子从仁爱他人立场出发,严厉批判做人形陶俑的人,他认为正是有了这种类人俑的出现,才有了后来的用活人殉葬。这一看法不尽符合历史事实,但是孔子对这个事情诅咒似地加以批判:"始作俑者,其必无后乎!"充分体现着他对生命的敬畏。《论语·乡党》篇记载,有次孔子家里的马厩失火,孔子听说之后,首先询问:"伤人乎?"而不是先询问马匹等财产的损失。《论语·述而》篇中还记载,孔子提倡"弋不射宿,钓而不纲"。意思是说,要有节制地合理利用资源,维护我们生存环境的可持续性,让我们和天地万物都处于生生又生的态势中。为此,不能射杀晚上睡着的飞鸟,也不能用细网去捕获小鱼,那样无节制捕杀将让我们生存环境失去鸢飞鱼跃的无限生机。

总之,不管是仁爱他人还是万物,都体现着孔子对生命的敬畏,也才有了对生成天地万物的乾元、坤元之至上"元"力量的感应,也才能不断突破亲亲之限,去仁爱他人乃至万物。其后,孟子明确提出仁德之人能将自己的仁爱按照亲亲—仁民—爱物的次第,不断延伸展衍。另外,道家万物一体的平等情怀、佛门普度众生的慈悲情怀,也都体现了这种一体之爱。宋明理学家们进一步高扬一体之爱精神。代表人物程颢就提出,仁者应该有与天地万物共生一体的情怀。

　　什么叫一体? 大家都知道母子连心的道理。传统二十四孝故事中,有一个"啮指痛心"的故事。有一天,《孝经》的作者曾子家里来了客人,但曾子出门打柴了。曾母一时不知如何更周到地接待客人,就下意识地咬了下自己手指。正在砍柴的曾子突然觉得心有点痛,意识到母亲可能遇到什么麻烦了,赶快收拾起东西朝家里赶。虽然现实生活未必像曾子与母亲这样神奇,但"子行千里母担忧"确是大家都能体验到的。将这种体现为一体之爱的母子连心之亲情推及于亲人之外的他人乃至万物,就会同他人乃至万物形成一体之爱。如何推及这种一体之爱至他人与天地万物? 孔子提出了一个"己所不欲,勿施于人"的恕道,也就是将心比心。孟子的理想社会蓝图中曾有这样一条,"颁白者不负戴于路",是说头发花白的人不再背着或头上顶着东西在路上走,因为总有年轻人帮着老人拿东西。看见老人负重而走,一个有教养的人会自然产生不落忍之心。自己老了,负重在路上时,肯定会渴望有年轻人帮助自己;如果是自己的父亲负重而行时,也会盼着有年轻人帮助他。如果我们都能贯彻将心比心的恕道,自然不会再有"颁白者负戴于路"的现象。那么,在现实生活中,为什么还有人对需要援助的人冷漠以待呢? 程颢认为这些冷漠的人是因为患了精神"麻痹"之病。从中医上讲,中风就是麻痹之症,中风的人气血不通,针扎手脚也没反应,这就是大家常说的麻木不仁。

对于这种能够与亲人、他人乃至天地万物形成一体之爱的思想,张载也有着深刻的体会,他的《西铭》就体现出一体之爱的思想,提出了"民胞物与"思想。这个思想描画了一个以天地为父母,君王为兄长,万民为同胞,万物为伙伴的宇宙大家庭图景。在这个宇宙大家庭中,不仅要尊敬自己家里的长辈,还要尊敬其他长辈;不仅要疼爱自己的孩子,还要疼爱别人的孩子。这叫"尊高年,所以长其长;慈孤弱,所以幼其幼"。既然万民都是同胞,老人自然都是我们应该尊敬的长辈,那些孤苦贫弱的孩子也都应该获得关爱。《西铭》认为:"凡天下疲癃、残疾、惸独、鳏寡,皆吾兄弟之颠连而无告者也。"意思是说,无论是龙钟的老人、残疾的人、孤苦无依的人、鳏夫、寡妇,都是我们生活困苦而无处求告的兄弟姐妹。

2.患难相救的周急文化

既然万民都是我们一体相爱的对象,他们如果陷于危急情势,我们应该如何施以仁爱?孔子在《论语·雍也》篇曾提出"周急不继富"。弟子公西赤出使齐国,冉求替公西赤的母亲向夫子请求多补助一些谷米。夫子说:"给他六斗四升。"冉求请求再增加一些。夫子说:"再给他二斗四升。"冉求却给他八十斛。夫子说:"公西赤到齐国去,乘坐着肥马驾的车子,穿着又暖和又轻便的皮袍。我听说过,君子只周济急需救济的人,而不周济富裕的人。"与公西赤相反,夫子另一位弟子原思给孔子家当总管,夫子给他俸米九百,原思推辞不要,夫子说:"不要推辞。如果有多的,给你的乡亲们吧。"同样是学生,孔子的态度不一样,一个是尽量减少,一个是尽量增加,其关键在于谁更需要救助。俗话说,"好钢要用在刀刃上",同样的粮食帮助了不需要的人,就不能帮助更需要它的人,"锦上添花",不如"雪中送炭",不加区别讲"仁爱",可能适得其反,不是仁爱,而是残忍。

孔子这种"周急不继富"的一体仁爱的思想对后世儒者影响非常大。范育《吕和叔墓表铭》说,吕大钧与张载本是同年进士兼友人,但他为张载的学问所折服,放下身份,拜张载为师。张载"民胞物与"的一体仁爱思想,理应对吕大钧产生了相当影响。如何在现实生活中推行老师的体现一体仁爱的"民胞物与"思想呢?

兄长吕大防曾经对吕大钧的《乡约》提出过担忧,认为乡约作为民间组织会引发朝廷的注意。从吕大钧给吕大防的信件来看,大防认为,如果朝廷有所号召,民间响应,则没有问题;在上面没有意向的情况下,擅自以乡约构建民间组织风险太大。他建议将《乡约》改名为《家仪》或者《乡学规》,以避免触犯朝廷忌讳。吕大钧认为改名《家仪》虽然可以规避风险,但与义不合。因为《乡约》是乡人共同的约定,其中的"礼俗相交""患难相恤"内容不是家族内部所能包括的,如果仅仅作为家族内部规定,就没有什么特别意义。虽然改为《乡学规》"不甚害义",但乡约不仅仅是一种教化乡民制度,吕大钧在《答仲兄一》中说:"今小民有所聚集,犹自推神头、行老之目。"①乡约更重要的意义是组织。乡约作为基层社会组织,除了负担"德业相劝,过失相规"引人向善的教化之责,更为重要的是安排基层乡民的生产、生活,它不仅安排"礼俗相交"这些日常生活规范,还有救助乡民危难的内容。

有鉴于此,吕大钧指出:"其急难,自于逐项内细说事目,止是遭水火、盗贼、死丧、疾病、诬枉之类,亦皆是自来人情所共恤,法令之所许。"

① 陈俊民辑校:《蓝田吕氏遗著辑校》,中华书局1993年版,第568页。

意思说,乡民遭遇像水火、盗贼、死丧、疾病、诬枉等这些影响正常生产、生活的事件,需要有个像乡约这样的组织进行及时救助,这并不犯忌,而是合乎正常人情和朝廷的大政方针。由此,吕大钧在设计《乡约》时,提出了"患难相恤"的条款,并且认为这一条款可以作为乡约自身同家规族约等组织、制度相区别的重要内容。该条款所实施的救助对象不仅限于乡约内部人员还涉及非内部人员,救助的内容涉及到生产、生活、治安等项目,共包括:水火、盗贼、疾病、死丧、孤弱、诬枉、贫乏七类。

其中,"水火"一项涉及到防火防汛、水利、消防等工作;"盗贼"一项涉及到防盗除暴等社会治安综合治理工作;"疾病"一项涉及到医疗卫生等事项;"丧葬"一项涉及到丧葬习俗、公墓公祭等事项;"孤弱"一项涉及到儿童问题;"诬枉"一项涉及到民事调解工作;"贫乏"一项涉及到慈善救济工作。于是乎,《乡约》在推行社会教化之外,还兼具了实施社会互助与救济的功能,杨开道认为,"农村社会里面的重要问题,除了儿童教育和经济合作之外,差不多都包含在这些条款里面"①。

《吕氏乡约》从一开始,就具有这样一种理念:乡村社会里发生的很多事情,都要通过乡村社会成员的通力协作才能有效解决,比如防洪救灾、治安防御、卫生保健、公墓公祭、慈善救济、公断调节等。救助的具体办法如下:遇到水火之灾,"小则遣人救之,甚则亲往,多率人救,且吊之";盗贼之祸,"近者同力追捕,有力者为告之官司,其家贫则为之助出募赏";疾病之难,"小则遣人问之,甚则为访医药,贫则助其养疾之费";死丧之事,"阙人则助其干办,乏财则赠赙借贷";孤弱无依,"若能自赡,则为之区处,稽其出纳;或闻于官司,或择近亲邻里可托者主之,无令人欺罔;可教者为择人教之,及为求婚姻。贫者,协力济之,无令失所;若有

---

① 杨开道:《中国乡约制度》,商务印书馆2015年版,第78页。

侵欺之者,众人力为之办理;若稍长而放逸不检,亦防察约束之,无令陷于不义";诬枉之冤,"有为人诬枉过恶,不能自伸者,势可以闻于官府,则为言之;有方略可以救解,则为解之;或其家因而失所者,众共以财济之";贫乏之困,"有安贫守分而生计大不足者,众以财济之,或为之假贷置产,以岁月偿之"。

在《吕氏乡约》之后,朱熹在明确这些项目基础上,又增补了患难相恤的实施程序,在其增损的乡约中规定"凡有当救恤者,其家告于约正,急则同约之近者为之告,约正命值月遍告之,且为之纠集而程督之"。按照吕氏和朱熹的解释,只要加入乡约,就意味着承担了对同约之人的相帮相助责任。同约之间,财物、器用、车马、人仆,都要互通有无,互相借助。只有并非急用,或者借用有所妨者,才可不借,"可借而不借,及逾期不还,及损坏借物者,论如犯约之过,书于籍"。作为社会自治组织,即便邻里乡党没有入约,或有缓急之事,只要告知,亦当救助。如果不能救助,则转告同约的其他人为救助而谋划。对救助约外之人的善事,"亦书其善于籍,以告乡人"。

二、日常互助的功能

概而言之,《吕氏乡约》有关"患难相恤"的内容,其中的水火、盗贼、疾病、死丧、孤弱、诬枉、贫乏,可以从日常互助和危难救助两方面实施救恤。

1.传统乡约的生活互助

《吕氏乡约》规定"凡行婚姻、丧葬、祭祀之礼,礼经具载,亦当讲求"，当出现日常"力所不足"者，乡民应给与帮助，"婚嫁则借助器用，丧葬则又借助人夫，及为之营干"。婚姻、丧葬、祭祀等都属于日常生活交往中的互助。

传统社会普遍视死如生，重视厚葬。孔子认为，孝子对待父母应"生，事之以礼；死，葬之以礼，祭之以礼"（《论语·为政》），不管父母是生时还是去世后，都要以礼待之。这种重视丧葬、祭祀的传统不仅官宦富家，一般百姓中此风亦盛。厚葬之风延续千年，给一般乡民甚至包括那些中小地主、下级官吏带来了沉重的经济负担，因为在丧葬之时，需要消耗大量的粮食、酒以及其他各种葬仪用度，因此，古代乡村社会乡民很早就通过"结社相资"的方式，来解决丧葬过程中花销、人工等一系列问题。

《吕氏乡约》规定乡民遇到死丧之事，"阙人则助其干办，乏财则赠赙借贷"，意思说缺人力就帮助人力，缺钱财就赠送钱财。目前所知最古老的少数民族乡规民约，元代的《龙祠乡社义约》也提出丧葬互助的规定："其丧助之礼，各赠钞二两五钱，连二纸五十张，一名四口为率，止籍本家尊长，随社人亲诣丧所，挽曳棺柩，以送其葬。非天命而死者不与。其送纳赠钱，斋饭止从本家，勿较其限量、多少、美恶。违者罚钞十两。"

明末浙江德清的唐灏儒看到很多人因为贫困或其他原因，不能及时为亡故的亲人下葬，特意发起创立了"葬亲社"，制定了《葬亲社约》，指出："不孝之罪，莫大乎不葬其亲。而以贫自解，加以阴阳拘忌，既俟地，又俟年月之利，又俟有余赀，此三俟者，迁延岁月，而不可齐也，势愈重而罪愈深。"唐氏以葬亲为社约，倡议"醵金相助"，如此"虽极贫寒，得此亦可以举棺矣"。另外，明代社会底层乡民之间的"孝和会"，其目的也是为了发扬互助精神，解决"老亲之后事"，此后"惟老亲之后事忧，相与会钱以待其费，计一岁所积若何。亲先终者，先给，不足，则尽数给，彼此无论也。且一家丧，一会为衰奔走，当孝子半"。

除了丧葬之外，在传统社会里，结婚、出行等也都是花费较大的生活事项。为了更好地保障这些事项得以实施，传统乡规民约对这些事项，也有所涉及。《吕氏乡约》规定："凡遗物，婚嫁及庆贺，用币、帛、羊、酒、蜡烛、锥、兔、果实之类，计所直多少，多不过三千，少至一二百。"这个规定既是体现乡民情谊的交往礼俗，也是体现乡民患难相恤的日常生活互助行为。元代《龙祠乡社义约》第六条则指出："婚姻相助之礼，时颇存行，故不复书。"这说明，在元代，民间婚姻相助之礼，已经相当普遍，因此，不再作具体的限制，随民意自定。

2.传统乡约的生产互助

除了上述日常生活交往的互助以外，传统社会里还有个日常生产互助问题。早在秦汉时期的历史文献中就有对于生产互助的零星记载，而且生产互助现象在各个时期的各地乡村社会普遍存在。因为生产互助行为大多产生于下层农户之间，他们文化程度普遍不高，只是依靠简单的口头约定进行生产互助合作。到了唐代，政府为了减轻乡人的负担，号召乡人联合结社，共同出钱买牛买马，结成马社、牛社等，一定程度上达成了生产互助之目的。到了元代，至元七年（1270年），农桑之制得以颁行，元政府正式将村社作为劝课农业生产的组织，"立社长官司长以教督农民为事"，村社演变为服务于国家、督劝农耕之基层组织。受到这一国家政策的影响，元代各地村社纷纷开展农业生产互助，并制定了详尽的互助规约。例如《龙祠乡社义约》第八条指出："其社内之家，使牛一俱，内有倒死，出社人自备饮食，各与助耕地一晌。其锄田人，社随忙月、灾害，自备饮食，各与耘田一日。其助耕耘者不行，依法在意罚钞一两五钱。"显而易见,在生产互助方面,《龙祠乡社义约》是对1270年元朝政府颁行的农桑之制的一种变通和细化。

在生产互助中,水资源合理利用是个重要课题。水资源是农业生产最大的影响因素,传统社会存在着一个水资源总体匮乏问题。在春夏之交,农田待灌之际,为了竞争一溉之利,村与村之间或渠与渠之间往往展开形式各样的争斗,甚至发生大规模的械斗。为了更好、更合理地开发使用有限的水资源,同时也为了平衡村与村、渠与渠、上游与下游之间利害关系,相互制约,古代乡村社会的民间组织在国家水法之外,根据当地实际情况,针对水资源的分配、管理、使用也形成了一定的乡约惯例,譬如安徽省泾县丁家桥丁氏宗族为保护该族新丰坝的水利工程,于光绪十九年(1894年)制定了"公议护坝规条",指出:"近有无知之徒,拔取松档,裂取竹条以充柴薪,以利己用。甚或于秋收后挖断坝埂,放开沟水,以便取鱼,其弊日甚一日,其埂几于莫保。事关重大,情迫无奈,是以席请地方公正老成商议,设立规条,开列在后,以告地方,以戒将来。倘再有无知故犯,一经获有确赃,即通同议规内人照规处罚,其恃顽不遵者经官究治,决不殉情姑宽,致自贻误。事在不得已,故不惮苦口言之。自今以后,有能设身处地体察保埂苦心,不来侵犯,斯固我姓之大幸,抑亦外姓有田者之大幸也。议系通地合商,愿无藐忽视之。"

综观乡民自定用水乡约,其形式有两种:一种是由民间组织起草,并掌握在民间组织领导手中,主要作为维持当地用水秩序、解决水利纠纷的依据而存在的水利手抄本——水册;另一种是雕刻在石头上、主要用于警示乡民的水利碑文。其内容涉及到水的使用量、顺序、制度、渠堤维修等方面面,突出了几个方面制度:一是对水利事务集体决策权的强调,有效保护和提高乡民们参与水利事业的积极性;二是水利工程建造和维修过程采用"均摊"原则,为水资源的使用提供较低的监督成本;三是对灌溉优先权的维护和强调,切实保证农业生产利益的最大化,确保整个社区粮食安全和社会稳定;四是采用人为控制的"从下而上"的灌溉次序,在给予上游一定的用水特权的同时,也通过钳制上游的办法来保证整个水利共同体特别是中下游地区的用水安全。

为更好贯彻水利规约的实施,传统乡约一方面选举乡村士绅领导民间水利组织,让乡绅们更加积极地投入到当地水资源的具体管理事务中,并利用自身较高的文化水平、较多的空闲时间甚至是其所拥有的财富和社会威望,推动当地水资源合理使用;另一方面还将所有用水户的土地数量、等级、受水时间登记造册,以明晰水权,避免不必要的水权纠纷,并作为处理水利纠纷的依据,有效地降低水利纠纷发生的可能性和诉讼成本。

三、危急救恤的保障

传统乡村社会,由于受到日益加剧的人地矛盾、低卜的农业生产水平、频发的自然灾害、脆弱的农业减灾能力以及频繁的战争等因素的影响,广泛存在着数量较大的贫困弱势人群,并因而引发了部分乡民生活困顿、乡村秩序动荡等一系列社会矛盾和社会问题。

为了有效维持乡民的基本生存条件及乡村社会秩序的稳定,古代乡村民间组织纷纷专门制定具体的规条,积极开展内部救济,以帮助弱势乡民战胜困难、渡过难关。传统乡约组织提倡同国家救助以及保甲、社仓等社会救助有机结合的自我救助活动,能够使真正有需要的成员得到救助,以期实现乡村社会正常持续的发展,充分体现"患难相恤"的价值取向。

1.社仓化的周急保障

如前所论,吕大钧设计的乡约是"乡人相约,勉为小善",这"小善"里包括日常交往礼仪,以及生活中最常遇见的水火、盗贼、疾病、死丧、孤弱、诬枉、贫乏等七项事件,孤弱、贫乏外,其他五项皆为处理突发状况,是对他人施救行为的期待。在乡约制度下,虽然通过发挥仁爱互助文化所固有的一体相爱的爱心,可以"慈孤弱",为少数疲、癃、残、疾、恫、独、鳏、寡者提供了社会保障,但只靠多数人的爱心来保障不幸的少数人是不够的,在灾年或荒年时,谁来保障每个人的温饱? 因此,健全的社会保障制度,在平年,要能救济贫困无助的人,在灾年,也要能保障社会整体的生存。

孟子曾指出老百姓有"恒产"才能有"恒心"。老百姓只能在生活有保障的基础上,才能安心生产、接受教化,提高精神觉悟。如何建构让乡民能够安心生产、生活的保障体制是传统乡约文化必有之义。朱熹看到了这个问题,也提出了解决办法。1168年,朱熹在建宁府(今福建)崇安县开耀乡五里乡居。年时饥馑,人民普遍缺粮,并爆发盗乱。朱熹和当地耆老刘如愚等人共同主持赈灾,向富人和官府求得资助。此后,朱熹认为应建立长久的制度,以缓解饥荒。1169年,朱熹用府里常平米六百石作为贷本,贷给农民。夏季借出,冬天偿还,并收纳息米每石二斗。年成不好,酌量减息。十余年后,社仓成效良好,不仅偿还了作为贷本的常平米,还积累下大量仓米。

1181年,朱熹将所订《社仓事目》呈请孝宗皇帝批准,"行下诸路州军",社仓制度开始在全国范围内实行。和国家的预备仓相比,社仓的优点在于:第一,更加便于管理,防止营私舞弊。国家的预备仓"行之年久,法弊政偷,有名无实",而社仓"以人户之等第,为出门之多寡,凶年只给贫下之户,此以有余助不足之意"。第二,更加及时地接济百姓。"劝民出粟置仓,当社一遇岁荒,则比闾之民自相计议而散之,朝开仓而午即得食,于民甚便,此法之最善者也。置仓于州县,一有荒凶,口则待审于官府,文移则高下于胥吏,贫富颠倒,多不得实。且乡野之民,仆仆区区,不能自达,百里就粮,旬日守候,饥困而藉者多矣。"此后,社仓成了农村储粮备荒以实物形式施行的社会救济制度,一直沿用到清末民初。

朱熹创办的社仓制度有四个特点:一是社仓设立于乡村。无论自汉代以来就建立的常平仓还是隋代建立的义仓,都设在州县所在的城邑。将社仓设立于乡村,能近距离救助乡村贫穷无助者。二是社仓是官督民办。官办有一个缺点,如果官吏避事畏法,往往眼看百姓饿死,也不肯发粮。有时迫不得已而发粮,囤积过久的粮食,也因已变坏而不能再食。社仓因为是民办,就不会发生这样的问题。三是社仓的仓米,平年可用来扶贫,灾年可用来赈济。社仓平年时还可用股米贷放收息,《社仓事目》规定"每石量收息米二斗",当息米积累到一定数量后,就以息米为股本,贷给贫户,不再收息,"每石只收耗米三升"。用股米贷放生息,既可扶植生产,使仓米能积累增加以增强抗灾的能力,又可使贫困农民免遭高利贷剥削。同时,还可使仓米年年更新,不至霉烂变质。以朱熹经营的社仓为例,一乡四五十里之间,虽遇凶年,人不缺食。四是社仓除了正常性的用股米贷放收息,也用累积的息米赈济无偿还能力的孤老残幼,起到扶贫的作用。朱熹认为乡约中人,对经济条件差的家庭,甚至于病倒的过客,都有义务施与救济。并且,在乡约里实行义仓之后,乡约除了救助功能以外,也可以通过义仓的方式开展教化的功能。这一功能,在明代表现得更显著。

明嘉靖八年(1529年),根据兵部左侍郎王廷相奏议,以乡约推行六谕，在洪武之后又一次全国性宣讲圣谕六言。《大明会典》卷二十《户部读法》记载："嘉靖八年题准：每州县村落为会，每月朔日，社首社正率一会之人，捧读圣祖《教民榜文》，申致警戒，有抗拒者重则告官，轻则罚米入义仓，以备赈济。"这是以乡约推行六谕的事例，以王廷相的上奏为契机，形成了嘉靖八年的户部题准，将社仓、义仓、乡约互相结合，推行于地方乡村。

按照王廷相在《乞行义仓疏》中设计，利用每次义仓收米的机会，可以组织乡民宣讲圣谕、并依照乡约对乡民进行奖惩。"每月朔望日一会……社首、社正将前月社中行过好事者一人，举其事而称奖其善，众人共一揖以赞赏之，再将行过不好事者一人，举其事而论说其不善，众人共一揖而劝戒之。如无善恶可举，即收米入仓，一茶而散，间有于会法抗拒不遵者，重则社首率众告于官而治之，轻则社首、社正量情罚米一倍入仓。"

据《大明会典》卷二十二记载，嘉靖八年，明朝廷正式颁布律令："各处抚按官设立义仓，令本土人民每二三十家约一会。每会共推家道殷实，素有德行一人为社首；处事公平一人为社正；会书算一人为社副。每朔望，一会分别等第，上等之家出米四斗；中等二斗；下等一斗，每斗加耗五合入仓。上等之家主之。但遇荒年，上户不足者量贷，丰年照数还仓。中下户酌量赈给，不复还仓。"由这个律令可以看出，作为一项社会救济政策，社仓、义仓对不同户等的要求并不完全一致。不同户等的出米标准不相同，上等之家出米四斗，中等之家二斗，下等之家一斗。只有在遇到大荒之年时，上户之家才能借贷仓米。同时，要求上户有力之家必须入会，贫单最下之户可附于本家上户或邻家。正是乡约在理念上倡导患难相恤，才让整个村庄形成共同体，上等之家既承担更多的社会责任,对下户进行物质帮助,也换取了更多的权力,巩固了他们在乡村中的地位。

总之,社仓是以乡民互助的方法组成的一种自治性组织,有效地达到了救灾扶贫的目的。社仓制度可谓中国古代社会保障制度的一项革命性的创新,平年能对穷困的人提供保障,灾年或荒年对全村、全乡甚至全县都能提供经济上的保障,同时发挥平年扶贫和凶年赈灾的功能,所以宋以后每个朝代都继续设置社仓。

2. 保甲化的治安保障

北宋时期,蓝田吕氏推行的《吕氏乡约》与王安石推行的"保甲法"还存有隐隐对立。到了明代,王廷相在他的《乞行义仓疏》中建议用民间的义仓取代官办的预备仓,并以义仓覆盖范围实行乡约、保甲,他认为"一法立而三善兴,养民之中而教民之义存焉"。朝廷采纳王廷相的建议,在全国建立社仓,乡约和保甲作为社仓组织和功能的一部分也得到全国性的推行。

同时代的王阳明,也在地方治理实践中完成了保甲和乡约的合二为一。他以右佥都御史的身份巡抚江西南赣、福建汀漳等处,为了平定江西"洞贼",他制定了"十家牌法"。据其《王阳明年谱》记载,他的"牌法"规定:"其法编十家为一牌,开列各户籍贯、姓名、年貌、行业,日轮一家,沿门按牌审察,遇面生可疑人,即行报官究理。或有隐匿,十家连坐。仍告谕父老子弟,务要父慈子孝兄爱弟敬,夫和妇随,长惠幼顺;小心以奉官法,勤谨以办国课,恭俭以守家业,谦和以处乡里;心要平恕,毋得轻易忿争;事要含忍,毋得辄兴词讼;见善互相劝勉,有恶互相惩戒;务兴礼让之风,以成敦厚之俗。"王阳明认为地方防御是当务之急,因此在实行"十家牌法"的同时"间行乡约"。

这种将传统保甲乡约化的思路，与王廷相、王阳明同时代的黄佐也认同，他的《泰泉乡礼》中有专门论述保甲改革的"保甲篇"，该篇认为社会混乱的原因就是实行了王安石的保甲法，"督民操练，使自备衣甲器械，天下始骚然矣"。他建议使用程颢为晋城令时的保伍之法，"量乡里远近为保伍，使之力役相助，患难相恤，奸伪无所容，孤茕老疾者责亲党使无失所，行旅出于其途者疾病皆有所养"。也就是说，地方防御不能依靠个人力量的增强，而要使更多的人紧密团结起来，保长要选择众所信服者，或是由约正代管。

将乡约与保甲两种组织、制度合一的思想被明代朝廷贯彻，各地政策制定者根据地方的实际情况和自己的理解，发展出了各具特色的乡约和保甲结合法。吕坤在山西更为直接地设计了"乡甲约"，把两种方式糅合在一起；陆世仪把乡约作为核心，提出"乡约为纲而虚，社学、保甲、社仓为目而实"；刘宗周写作的《保民训要》和《约保事宜》分别以保甲和乡约为中心，在各自的体系下兼容其他。

乡约被引入保甲后，不仅是在保甲里宣讲乡约，同时保甲的形式和职能也发生了变化：首先，保甲从一个僵硬的、依靠强制力执行的组织，变成了依靠情感性连接的、具有弹性的组织。人们在日常交往中逐渐形成了强烈的共同体意识，当地方发生安全危机时，"守望相助"就不再是国家规定的硬性责任，而是人们自然形成的互助的责任感，这时的地方防御也不再是为完成国家地方安全目标而设立，而是为了共同的利益。另一方面，乡民联系互动日频，地方舆论压力增大，也使共同体内行凶行盗的成本增加，从而减少了这类行为出现的可能性。

其次，保甲从一个简单的防御性组织，演变成与生产、教化、救济等形式结合的组织,从消极的防御变成积极的建设,加强了地方的凝聚力。在地方的社会安全上,章潢建议,要将社会上的流动人口编入甲内,如游僧、游道、斋化不明之人,"与民家一体编入保甲,随行乡约,以便稽查"。进入保甲之后,这些流动人口也要实行乡约。当保甲内有人口初入、存亡时,保长要与约长一起,将情况详细写在牌面,向官府呈报。在地方教化方面,保甲人等要"各随地里远近,人户多寡,酌量立为一会",在每月初二日到达会所,"申明乡约、保甲规条一次",保长"于每月十六日赴官,递有事无事结状一纸……带善恶簿,听掌印官查考"。

刘宗周在京城担任顺天府尹时,遭遇清兵从大安口入塞,周边百姓逃亡到京城,致使物价骤涨,奸盗丛生,社会治安出现严重问题。他一方面上奏朝廷,要求拨款补贴地方坊铺,设立粥厂救济难民,犒赏守军及其家属;另一方面,会同五城御史,商议推行保甲法。刘宗周在《保民训要》的开篇说:"为通行保甲以安地方事,照得弥盗安民,莫善于保甲。而一切教化,即寄于其中。"他的保甲法分为保甲之籍、保甲之政、保甲之教、保甲之礼、保甲之养、保甲之备、保甲之禁等七个部分,在保甲的组织框架下,进行防御、生产、教化、救济等工作。其功能与传统乡约多数重合,显然也是个乡约化的保甲组织、制度。

3.宗族化的救助保障

如前所论,传统乡约作为基于地缘的乡民自治组织,在现实生活中,日益同基于血缘的宗族组织形成相互渗透的情势。明清时期徽州出现的宗族组织,就是个乡约化的组织。它们大多强调对组织内部弱势人群实施生活救济,并在宗族规约中专门作了具体的规定。如明朝万历年间安徽休宁范氏在其《统宗祠规》的"和睦宗族"条款中要求族人"要有四务：曰矜幼弱，曰恤孤寡，曰周窘急，曰解忿兢。……贫者恤之善言，富者恤之财毅，皆阴德也。"清雍正时安徽休宁东门许氏将救助贫弱看作一种善行和义举，强调："今后凡遇灾患，或所遭之不偶也，固宜不恤财、不恤力以图之，怜悯救援，扶持培植，以示敦睦之义。"（《重修古歙城东许氏世谱》卷七《许氏家规》）

1950年，在《文堂乡约家法》所在的文堂村，村民陈伯言不幸因病去世，留下了6个孩子。陈伯言远在外地的弟弟陈必觎承担起了这一家人的生活重担。他在陕西省工作，自己也有5个孩子。他和妻子省衣节食，每个月工资才30元，拿出10元来给哥哥的孩子，先后将2个侄子、3个侄女培养成为大学生，由此在文堂村乃至祁门县成为佳话。

在"患难相恤"理念指导下，许多宗族化乡约规定了诸多具体的救济条件，譬如江苏常熟《丁氏义庄规条》提出，"族中凡丧嫡室而遗有子女俱幼者，于应给月米外，加给月米一大口，制钱伍百文。俾失恃子女，稍得体恤，俟满十六岁停给"，"族中娶妇，给钱七千，无子续娶，给钱伍千。嫁女给钱伍千。丧葬力乏者，拾伍岁以上，不论男女，葬费给钱伍千，丧费给钱叁千玖"，"族中陆（六）旬外鳏独，及十六岁以下孤子女，除月米应给外，每年俱给钱七百文。孀寡给钱一千文，俟其子孙年及二十岁停给，无子孙则常给"（嘉庆《歙县棠樾鲍氏宣忠堂支谱》卷十九《义田·体源户田记》）。

为更好地实施救助，明清时期徽州宗族组织纷纷设置义田、义仓、学田、义屋、义家等多种救助机制，并对具体的实施办法作出规定。譬如江苏常州《毗陵长沟朱氏祠规》提出："赤贫与有废疾不能举火者，公祠每月给米一斗五升，以救残喘。"家族救济是家族公益活动的主要内容，也是保证家族和谐稳定的有效方式。家族公益活动的另一项重要内容是资助家族子弟读书向学，具体做法有两个：一是族内延聘教师教学，让贫困子弟能够受到教育，完成学业。长沟朱氏祠规立义学，"族中贫不能延师者，俱送子入祠读书"。二是直接资助族内年轻人出外求学，提供科举考试的盘缠，对于取得学校毕业证书与科举功名的人予以物质奖励。

清乾隆末至嘉庆初，安徽歙县棠越鲍氏宗族的族人鲍志道妻汪氏特捐置田100亩作为义田，用于救济族内妇女；同族中人鲍启运也置田707亩和500余亩，分别用于对族内鳏寡孤独和贫困者的救济。对于族内成员的善举，该族表示提倡和支持。同时，为了使族人捐置的这些族田、义田的收入全部被用于救济周恤宗族内贫困和弱势群体，避免侵损或挪作他用，该族还制定了详尽的管理规约，其中规定，"以其岁之入养宗人之鳏寡孤独者……田既归宗祠，惟宗祠主之，请与宗人约，凡体源户田率以为我族鳏寡孤独者长久经费，不得藉祖宗公事移用侵削，我后人亦不得过问。违者，呈官治之。并拟列条规于左。惟我族尊长酌而行焉"（嘉庆《歙县棠樾鲍氏宣忠堂支谱》卷十九《义田·体源户田记》）。

总之，作为一种乡村自我治理的实验，传统乡约虽然在很多乡民自我救助细节上并不完善，但它的设计理念是明确的，即要通过加强乡村内部的有机联系来获得凝聚力，以此应对乡村内外出现的常规或非常规问题。到了明代国家介入到乡约的推广后，这种理念被放大，乡约分别与宗族制度、保甲和社仓等制度结合起来，对外抵御侵略和盗贼，对内进行救恤和教化。值得一提的是，这些理念都强调要以乡约倡导的礼俗方式为纲，以社仓、保甲、宗族等制度为目，用乡约的方式去改造社仓、保甲、宗族等救助形式，为乡村自我救助的良性运行找到自动力。

第五章 乡土在变,乡约何为——乡约的现代价值

几千年来,中国人口流动率很低,不同地区之间的交往也很少,基本上是自给自足的自然经济,各地区形成了自己的生活习惯和生活秩序,代代相传。这就是传统乡民们所习惯的大多数人"生于斯,死于斯"的乡土社会,也是传统乡约所生成的社会基础。毋庸讳言,作为传统乡约生成基础的乡土社会,自近代以来就走在由传统向现代的变迁、转型路上,在现代社会,乡土社会中的传统乡约所贯穿的这种有着乡贤示范传统的乡村治理文化还有没有存在和发展的价值?

一、近代乡治新探索中的乡约

近代以来,面临内忧外患,传统乡土社会的宁静被打破。尤其是清末民初,随着西方各种思潮和制度的传入,一些社会精英为了改变中国贫穷落后的局面,试图从改造中国乡村入手,建设一个国富民强的新社会。他们结合传统治理文化,吸收西方现代治理理念,改进乡规民约,为变迁中的中国乡村探索新出路。这些精英有乡村绅士,有作为学问家和教育家的知识分子,还有提倡"实业救国"的实业家。

1. 近代精英对乡治的探索

近代关注乡村治理课题的社会精英中，江苏苏州的冯桂芬（1809—1874年），是最早探索用中西经验治理中国乡村的人之一。他上接林（则徐）、魏（源），下启康（有为）、梁（启超），率先提出了消解现代化过程中出现的中西、古今矛盾的方法，即"惟善是从"。主张既要效仿现代西方地方自治之意，也要融合传统的乡官制度；提倡乡以下行使自治，仿效宋明乡约宗法之制，以乡族为政治之基础。在他的呕心之作《校邠庐抗议》中，有篇论乡村治理的作品叫《复乡职议》，主张治理天下有分治和合治两种方法，认为："治天下者，宜合治亦宜分治。不合治则不能齐亿万以统于一，而天下争；不分治则不能推一以及乎亿万，而天下乱。"文章在分析分治之利基础上，进而主张仿效《周礼》，恢复古代乡亭制度，也就是在基层设乡官、亭长，实现"真能亲民，真能治民，大小相维，远近相联"，使"风俗日新""教化日上"。

继冯桂芬先生之后，在清末民初这一时期，率先发起乡规民约改革的是河北翟城村的米氏父子。翟城村隶属直隶定县（今河北定县），被称为中国近代村民民主自治第一村。清末民初，该村在米春明、米迪刚父子等乡贤们的带领下，以《吕氏乡约》为鼻祖，吸取传统乡约在组织、制度层面治理乡村的精神，沿革当地的习惯做法，参考模仿国外的现成办法，对乡村治理做了一些有益探索。

一是在组织层面，建立了村公所，分设了各类专门机构，分管财产、教育、风俗、农业生产等乡村社会事务，并制定了《翟城村村治组织大纲》；二是在制度层面，为更好规范乡民们的生产、生活、生态行为，同时制定了《共同保卫章程》《筹办义仓之议定暨办法》《教育费贷用储金会会约》《查禁赌博规约》《看守禾稼规约》《保护森林规约》及《平治道路规约》等乡规民约,内容涵盖教育、卫生、治安、交通、社会保障、税务、财产、金融合作、农业生产合作、改良风俗等各个方面。

翟城村自晚清开始到20世纪30年代日本帝国主义入侵中断,在长达三十多年里,对本村乡规民约不断进行改良和推广,以更好综合治理乡村社会,是这一时期在乡村治理方面一场起步早、制度全、方法多、时间长、效果好的改革。有鉴于此,翟城村才被称为中国近代村民民主自治第一村。

就在翟城村所隶属的河北定县,在20世纪二三十年代还有一场由知识分子主导的现代乡村治理探索。主导这场探索的是有“世界平民教育之父”之称的著名教育家晏阳初,他主张从教育入手进行乡村建设。

晏先生认同传统的“民为邦本,本固邦宁”思想,认为这话虽老但实有至理,人民委实是国家的根本。然而,当时中国虽号称有四万万人民,可其中80%以上是文盲,并且绝大多数是在农村。据此,晏先生认为为平民办教育,尤其是到乡村中去为乡民办教育,是开发世界最大最富的“脑矿”,这是关系到“本固邦宁”的根本问题。从民国十五年(1926年),他的平民教育从城市转向乡村,带领中华平民教育促进会来到河北省定县农村,高举“平民教育”的旗帜,进行了一系列顺“民心”发“民力”的乡村建设。

晏先生主张,中国的问题千头万绪,但最根本的问题还在于人,从事人的改造的教育工作,成为解决中国整个社会问题的关键。因此,要建国,先要建民;要富国,先要富民。但富民的核心在于医治农民身上长期存在的“愚”“贫”“弱”“私”四大病症,唯有如此,方能改变“民族衰老、民族堕落、民族涣散”的历史局面。为此,他提出“四大教育”“三大方式”。所谓“四大教育”,即是文艺教育、生计教育、卫生教育和公民教育,目的是克服当时社会存在的四大问题。其中文艺教育的目的在于培养知识力,解决"愚"的问题;生计教育的目的在于培养生产力,解决"穷"的问题;卫生教育的目的在于培养健康力,解决"弱"的问题;公民教育的目的在于培养团结力,解决"私"的问题。推行"四大教育",必须采用"三大方式",即学校式、家庭式和社会式。

在"四大教育"推行实践中,晏阳初先生首先带领大家根据定县农民的文化情况,先后编写了《千字课本》《基本字表》《通用字表》和《词表》等多种通俗易懂、实用性强的教材,并通过开展民间话剧、戏曲、秧歌等多种多样的文艺活动,来丰富农民的文化生活。其次,为了培养农民的生产能力,他们积极倡导建立合作组织,传授农业科技,兴办农场,推广先进技术与良种,并创设了实验巡回生计训练办法。再次,为了提高农民的医疗水平和卫生保健知识,以晏先生为领导的中华平民促进会在定县大力宣传卫生知识,建立了村、区、县三级医药卫生保健组织和制度,还设计了最早的"赤脚医生"制度。最后,为了培养农民的团结力,他们还编写了《公民道德根本义》《公民道德纲目》等公民教育材料,从道德层面对乡民的活动进行指导和约束。晏先生"四大教育"思想的提出和公民教育材料的编写和实施,与传统乡规民约可谓是一脉相承,体现了"广礼仪而厚风俗"的道德教化功能。

除了晏阳初先生之外,梁漱溟先生也于民国二十年(1931)到山东省邹平县,开展了现代乡村治理的探索。在梁先生看来,近百年中国的失败,是文化上的失败。确切地说,是西方文化的入侵迫使中国人"抛弃自家根本固有精神",丧失了"伦理本位,职业分途"的社会固有礼俗秩序与组织构造。"伦理本位,职业分途"是梁先生对中国社会特点的一个基本判断。在他看来,中国社会没有西方那样的团体生活,从而也就没有那样的个体自由。中国人注重的是伦理,伦理是用来调节人与人之间的关系的,所重的是礼而不是法。中国没有西方那样的阶级对立,而是分为士、农、工、商各种职业,这些职业不会产生什么垄断。社会所赖以维持的几个要点是教化、礼俗和自力。因此,中华民族要复兴,关键在于文化之重建,要在中国文化的老根上培育新芽,即创造新文化、建设一个新的社会组织构造。

梁先生认为,日本的办法或者西方的办法都不太适合国情,要向自己的传统中去找方法,中国传统的乡约文化对于创造新文化、建设新的社会组织构造有着重要指导功能。所以,他找出乡规民约这套办法在山东的乡村建设实验,也仿照乡约的模式设立乡农学校实施乡村教育。其乡村教育分为成人教育、妇女教育和儿童教育三个部分,并开办了主要讲授各种新知识的短训班和识字夜校。同时,为了教育村民贯彻"伦理情谊为主、互以对方为重"的东方文化精神,他还通过乡村学宣传传统道德规范,如亲爱和睦、礼贤恤贫、协作互助、勤劳朴素等,并成立增进道德的地方组织,如"乡村改进会""忠义社"等,以乡规民约的形式进行农村风俗的改良,取缔了吸食鸦片、买卖包办婚姻、早婚、女子缠足等陋习,倡导节制生育理念。

另外,梁先生还认为乡村建设的第一要务,是引导农民改变千百年来各顾自家和疏离散漫的陋习,引导他们组织起来,走合作的道路。因此,他充分利用村学、乡学培养乡民的合作习惯,指导乡民进行乡村合作事业,并最终形成具体的、切实可行的美棉运销合作社、蚕业合作社、林业合作社、信用合作社、信用庄仓合作社、购买合作社等一系列健全的合作系统。

除了晏阳初、梁漱溟两先生倡导并力行的从教育入手进行乡村治理之路，20世纪20—40年代末，在中国西南的重庆嘉陵江三峡地区，也开展过一次对现代乡村治理道路的有益探索，主持者就是我国著名爱国实业家、教育家、改革家，被誉为"中国船王"的卢作孚。在民国时期的乡村治理探索中，卢先生是我国最早从"现代化"和"都市化"的视角思考乡村治理的人。卢先生认为，中国的根本办法是建国不是救亡，是需要建设成功一个现代的国家，使自己有不亡的保障，但国家现代化需要有乡村现代化为基础。因此卢先生主张，要赶快将乡村现代化起来，以供中国小至于乡村大至于国家的经营作参考。

为此，他将四川巴县北碚乡作为"试验田"，开展了影响较大的乡村现代化建设运动。首先，卢先生强调以经济建设为中心推动乡村现代化，并在北碚陆续建立了铁路、煤矿、纺织、水电等一大批交通工矿企业，使村民能找到职业。其次，创造文化事业和社会公共事业。卢先生在北碚训练士兵和学生各一队，用于北碚的社会治安和公共秩序的维护；兴修医院、公园、动物园、运动场等公共设施；创办中国西部科学院、图书馆、报馆、博物馆和各类学校等文化教育机构；通了水、电和电话，真正实现了村民依赖社会找到职业，依赖社会得到抚恤，依赖社会接受教育，依赖社会分享快乐的愿望。

同晏、梁两先生相近，卢先生也认识到传统乡民的散漫性。关于散漫特点的养成原因，卢先生得出了"两重集团生活"理论。"两重集团生活"指的是家庭生活以及由家庭生活扩展而成的、具有血缘和地缘关系的亲戚邻里朋友社会网络。在这"两重集团生活"影响下，大多数人只知有家庭，不知有社会，只知道忙着为个人找出路，不肯为社会的一桩事业或一个地方找出路，其结果导致了民族是散漫的民族，社会是散漫的社会，农民更是散漫的农民。为了改变这种局面，卢作孚先生又建设了新型的"现代集团生活",让乡民走出以家庭和亲友为核心的狭隘生活圈,在遵循各种公共道德准则的基础上,融入社会的公共生活之中。

在民国乱局中,除了像米氏父子这样的乡绅、晏阳初和梁漱溟这样的教育家、卢作孚这样的实业家以外,民国政府也在推动乡村自治,其中阎锡山的山西村政成效最大。他的乡治在实践上有政府强制的一面,在理论上则杂糅古今各制度,包括近代地方自治和古代的乡规民约、社仓、保甲、社学等。当时的南京国民政府也在着力推行保甲制度的同时,进行了一些县级地方自治实验,但成效普遍不佳。当时推行的所谓管、教、养、卫,不过是把乡约制度的各要素重新定义一遍。

2. 近代乡规民约的新特征

概而言之,伴随着现代乡村自治建设的开展,民国时期各地乡规民约的发展也进入了新的阶段,并呈现出一些新的特征。首先,乡规民约的制定主体呈现多元化特征。这一时期,制定和推行传统乡约的乡贤们已不仅仅局限于乡村绅士,许多有识之士,像冯桂芬、晏阳初、梁漱溟等学问家、教育家,也包括部分像卢作孚这样的民族实业家,甚至地方政要也纷纷加入到乡规民约的整理和修订中。

其次,乡规民约涉及的内容不仅仅是传统乡村重视的道德教化,而有了现代农村所重视的科学知识传播、工商业发展等有利于国富民强的内容。这一特征让传统乡约在相约为善基础上,又有了相约共富的现代价值。与现代西方治理文化对科学与民主所奠基的知性被高扬不同,以儒家文化为主导的中国传统治理文化具有高扬德性的特色。前者提倡知识就是力量,后者奉持道德至上。传统乡约文化也具有这一道德优位的特色。在这一道德优位的立场下,虽然传统乡约所规范的乡民物质、精神生活的诸多项目，在今天从形式上还被继承，但这些项目的旨趣不一样了。在传统乡约中，乡民们认同、接受乡约规范的目的是成就道德之善，不管是日常生产、生活的互助，还是义仓等经济互助、保甲等防御互助，都是以成就道德之善作为行为目标。如前所引，吕大钧在《答刘平叔书》中指出："乡人相约，勉为小善。"

梁漱溟先生把传统乡约称为能够实现"人人向上"的组织。如何保证人能够"向上"？ 按照以儒家文化为主导的传统文化的教导，一个文明人要更多地从涵养仁义之德入手去行为处事。孔子提出"君子喻于义，小人喻于利"，认为一个人格完美的君子需要通晓的是行为是否正当，而不是计较获利多少。因为一个人如果满脑子都是利益，小处说就会对人和事多怨恨，这叫"放于利而行，多怨"；大处说，就会利欲熏心，铤而走险，这叫"小人行险而侥幸"。显然，孔子的本意并非反对获利，而是让对获利追求别成了自己生命全面发展的障碍，他曾说如果能让他获取富贵，即使当时认为是低贱工作的"执鞭之士"的工作他都可以做，然而假若获得不了富贵，也不妨碍他"从吾所好"，幸福快乐地生活。

随着大秦帝国统一天下，以农立国成为国策。随着"重农抑商"政策的实施，孔子"小人喻于利"的本意也被曲解成"为富不仁""商人重利轻别离"等轻商文化。轻商贱利的文化也以传统乡土社会作为社会基础。在熟人社会里，人和人交往靠的是情义而不能是利益。费孝通先生的《乡土中国》指出："在亲密的血缘社会中商业是不能存在的。这并不是说这种社会不发生交易，而是说他们的交易是以人情来维持的，是相互馈赠的方式。实质上馈赠和贸易都是有无相通，只在清算方式上有差别。"[1]

---

① 费孝通：《乡土中国》，北京出版社2005年版，第108页。

正是这种重人情的熟人社会,抑制了经商行为。可以说,农业社会主导的自给自足的自然经济抑制着市场交换的商品经济的发展,乡土社会的人情文化又强化着这种抑制商品经济的自然经济。并不是说没有商品交易活动,只是商品交易活动主要靠市集,这是在血缘关系之外而建立的商业活动场所,时常不在村子里,而在一片空场上,各乡村的乡民们都到这特定的地方,各自以"无情"的身份出现。在这里大家把原来的关系暂时搁开,一切交易都得当场算清。乡民们老远地走上十多里在市集上交换清楚之后,又老远地背回来。在今天看来,他们何必到市集上去跑这一趟呢,在村里不是就可以随时交换吗?但这一趟在重人情的乡土社会是有作用的,因为在村里都是抬头不见低头见的乡亲,到了市集上才是"陌生"人,可以不用考虑其他社会关系,当场算清,不亏欠人情。在这样的乡土社会里,在乡村里开店面的,大多数是村子以外的人,这些"外人"在贸易的过程中,村子里的人对他可以讲价钱,可以当场算清,不必讲人情,没有什么不好意思。费先生认为,乡土社会的商业是在血缘关系之外发展的。

在传统乡土社会,里除了对通过经商而谋求利益、获取财富活动进行抑制以外,还对科学探索、技术创新活动进行排斥,视为让人"玩物丧志"的奇技淫巧。从事技术实践和创新的"工"阶层地位也排在"士""农"之后。并且乡土社会不需要过多的技术创新,更多依靠经验。费孝通的《乡土中国》指出,乡土社会的乡民们不但对人而且对物也是"熟悉"的。一个老农看见蚂蚁在搬家了,会忙着去田里开沟,因为他熟悉蚂蚁搬家的意义。费先生认为:"从熟悉里得来的认识是个别的,并不是抽象的普遍原则。在熟悉的环境里生长的人,不需要这种原则,他只要在接触所及的范围之中知道从手段到目的间的个别关联。在乡土社会中生长的人似乎不太追求这笼罩万有的真理。"①这种"熟悉"社会，让传统乡民们不需要科学探索、技术创新，依靠代代相传的经验就足以安排生产、生活了。

俗话说，"无工不强，无商不富"。明末清初，面对满人入关、明朝灭亡的"天崩地解"变局，兴起了一股实学思潮。在这种思潮中，传统文化中注重财富功利的一面被高扬，"四民同业"并不存在谁贵谁贱的问题，这为人们追求财富功利提供了思想文化的支持。尤其是近代以来，列强以坚船利炮打开了中华帝国的大门，一方面许多丧权辱国条约的签订，让中华民族领略了"落后就要挨打"的教训，要想实现民族独立，必须实现民族富强；另一方面面对诸多洋货的侵入，许多传统民族工商业受到强烈冲击，城镇所需要的牙膏、牙刷等普通生活用品都为洋货。在中国电影的先驱洪深的"农村三部曲"之一的《香稻米》第一幕中，有这样一句台词："从前乡下不都是用个铜罐在灶窝里炖水么，哪一个肯化三块半洋钱去买这样奇技淫巧的东西！"这句台词表明，传统视为奇技淫巧的洋货也慢慢影响到了乡村，并且割断了城镇与乡村的有机联系。城镇生活用品不再单纯依赖于乡村，中国城镇、乡村都成了洋货倾销市场。要想实现民族独立，摆脱贫穷落后状况，中国必须发展工商业。占人口大多数的乡村能否实现富强对于整个民族富强的实现至关重要。

面对民国乱局，米氏父子、晏阳初、梁漱溟、卢作孚等社会精英们，积极探索融合传统与现代的实现乡村富强的新型发展道路。譬如，梁漱溟先生在山东邹平等地的乡建实验中为了富农强农，组建了农产品产供销一体的合作社。邹平的合作社发展到1936年底，计有棉花运销、蚕业、林业、信用、庄仓、购买等6类，共计307所，社员8828户。这些合作社

---

① 费孝通：《乡土中国》，北京出版社2005年版，第8—9页。

实验和推广了大量动植物新品种,提高了当地农业生产水平,改善了当地农民的生活质量。如1932年在邹平引进并种植脱利斯美棉(通俗称"脱字棉")874亩,次年推广到23266亩,第三年达到41283亩。晏阳初为了提高乡村医疗水平,设计了最早的"赤脚医生"制度,具体做法是:先由各村毕业于中华平民教育促进会平民学校的同学会选举产生"赤脚医生";继而这些"赤脚医生"在区保健所接受十几天的训练;然后,他们开始以"保健员"的身份工作,宣传卫生常识、进行简易和救急治疗、报告出生死亡情况和普及种痘等。提倡实业救国的卢作孚更加注重乡村现代化,他强调以经济建设为中心推动乡村现代化,陆续建立了铁路、煤矿、纺织、水电等一大批交通工矿企业,使村民能依赖这些工矿企业找到工作。

最后,民国成立之初到1930年的乡规民约虽然在主流上仍沿袭着以往的礼义教化之风,但因为其制定者多受到西方宪政思想的影响,因此,这一时期的乡规民约多少反映出一点"民主自治"色彩,这也无疑给传统乡规民约的内容注入了新鲜气息。不过,1930年以后,随着国民党政权在乡村社会权力的延伸,乡规民约更多地体现出国家政治权力的意志,开始不断地"官治化"。

二、家庭联产承包责任制中的乡约

中华人民共和国成立后,20世纪50年代初进行土地改革,随后又推行人民公社,人民公社成了新的农村模式。公社是实行工农商学兵结合、党政军民学一体、统辖村民一切活动的集体组织,农村的经济、政治、文化等许多活动,都由它规划和控制。表面看来,公社具有一些传统乡约组织的色彩，它所承担的职能也基本是传统乡约组织所要实施的活动。但是，与传统乡约的"自治"精神不同，人民公社的规划和控制都是由执政党来指导执行，并非由民众自觉、自愿参与制定。

改革开放后，集体经济模式已经不合生产力的需要，政府推行家庭联产承包责任制，人民公社时期的生产队随之解体，乡村治理也相应地出现真空。在这样的情势下，如何应对乡村治理的真空？

1. 乡规民约的重现

20世纪80年代初，沉寂已久的传统乡约，又在壮族歌仙刘三姐的故乡宜州重现。宜州有个叫合寨的大队，这个大队包括果地村、果作村等几个自然村，果地村、果作村在村委会的问题上争执不休，后来就统称为合寨村。第一个村委会就被表述为是由广西宜州的合寨村成立的。

1980年实行土地承包后，生产队名存实亡，村内乱砍滥伐、赌博闹事、偷鸡摸狗的事情渐多。村前有条河，外村的人总是到河边对洗衣服的妇女唱下流歌，破坏家庭团结，影响很不好。时任三岔大队书记的蒙宝亮找到果地村的蒙光新，提出得有个正式的组织才好管事。这个组织可以管治安的事情，也可以管其他事，比如修路、吃水、集体林场分红、调解家庭纠纷等。这个组织应该叫什么名儿呢？当过小学教师的蒙光新提出，过去生产队有队委会、学校有校委会，我们可以成立一个村民委员会。

1980年1月8日，果地村召开全村户主大会。会上，成立了果地村村民委员会，宣读了事先起草的村规民约，主要内容为：有外人来本村需要过夜的，户主必须找治安带头人报告；山林水田纠纷一家一户解决不了的，汇报给治安带头人；对乱砍滥伐者要教育处罚，本村人也不能到村外乱砍滥伐,否则会败坏本村的名声;组织村民架桥补路,整修挑水码头;集资购买低压线路设备,解决照明问题⋯⋯这份村规民约经过村民讨论后,143个户主在上面按了手印。随后,每个户主又用无记名投票方式推选出村民委员会人员。

《宜州市志》记载了此次会议:1980年1月8日,果地屯建立村民委员会,为中国村民自治第一村。遗憾的是,果地村那份由村民按了手印的村规民约以及这次会议留下的另一些原件资料,在后来辗转上报的过程中,不知在哪个环节被弄丢了。

与果地村相比,邻近的果作村在建立自己的组织时更规范一些。果作村与果地村同属于合寨大队,比果地村小,仅六个生产队。1980年新年过罢,3月将到,该是春耕生产的时候,可分田到户了,根本没人管集体的事儿。果作生产队队长韦焕能主动站了出来,把其他几个生产队的干部都叫到一起,商量以自然村为基础建立新的组织,大家都表示同意。韦焕能提出新的组织不是生产队,不需要太多干部,由五个人组成,一正两副,一个会计,一个出纳。后来考虑到有六个生产队,就增加了一个人。新领导人怎样产生呢? 过去生产队长由上级任命,新的组织没有人任命,也不能自己宣布自己为领导,于是决定由群众选举。

1980年2月5日,在村头的老樟树下,果作村召开了全村六个生产队85户(一户一个代表)村民参加的群众大会,选举村领导。根据群众意见,不提候选人,无记名投票选举。与果地村一样,果作村由村民选举产生的新组织也叫村民委员会。果作村村委会当选后做的第一件大事,也是领导村民制定村规民约和管理章程。

1980年7月14日,果作村再次召开全村大会,讨论并通过事先起草好的《村规民约》和《封山公约》。这两份文件以村委会名义公布,并有

85户村民的手印或签名盖章。

同果地村所制定的村规民约不知所终的命运不同，果作村的《村规民约》和《封山公约》至今还完好地保存在韦焕能手中，成为历史的见证，如今已成为珍贵的历史文献。果作村的《村规民约》和《封山公约》的内容如下：

村规民约

1、必须提高思想觉悟，认真体会安定团结的重要意义。

2、严禁赌博，不准在私宅、村里开设赌场，违者罚款10元。

3、为了保苗夺丰收，严禁放猪，违者罚款5角，并给赔偿损失处理。

4、维护正常的娱乐活动，不准在村内、村附近对唱野山歌，违者罚款每人10元。

5、不准在路边、田边、井边挖鸭虫。受损失的罚工修补。

6、不准盗窃，违者按件加倍赔偿并罚款5元，情节严重者，呈报上级处理。

7、遗失东西，拿回交给村委，归还原主。

8、不准在泉边、河边大便，不准在上游洗衣、洗头梳发，晾晒蚊帐、床单等污染东西。

9、讲卫生光荣，不讲卫生可耻，自觉做到码头经常冲洗，保护清洁。

封山公约

一、严禁毁林开荒，违者每平方尺罚款5角。

二、不准在封山内砍柴、挖树根、割草皮、打石头，违者每百斤罚款 10 元。

三、村里风景树不准折枝乱砍,违者罚款 15 元。

四、不准盗窃林木,违者每百斤罚款 15 元。

五、实行护林有功者奖、毁林者罚的办法,对维护林木有功者奖 5% 的资金。

六、不准在育林区放牛羊群,每头罚款 1 元,外村罚 2 元。

果作村委会:韦焕能、韦有全、韦定陆、覃立轩、韦鹏舞、韦友权 等 85 户签名盖章,或手印。

1980 年 7 月 14 日

同传统乡约一样,合寨村的村规民约体现着合寨村村民实行自治制度。合寨村村民尤其像蒙光新这样的"贤者"能重现这一制度,原因在于传统乡约文化在改革开放后的农村治理中还有着强大生命力。同安徽小岗村"包产到户"所带来的农村改革发展的新制度,即家庭承包责任制一样,体现着自发性、民主性、实效性三个精神。

首先,同《吕氏乡约》一样,合寨村的村规民约是由村民中的"贤者"提出、村民认同再经过村民共同制定的一种自发性创造。同安徽小岗村的"包产到户"一样,合寨村所制定的作为该村村民自治章程的村规民约,并不是对上级政府命令的执行,而是针对现实问题而由群众自发探索形成。小岗村"包产到户"解决的是要吃饭,合寨村"村民自治"解决的是要秩序。前者是解放生产力以更好地发展经济问题,后者是创新制度以更好地规范、稳定社会秩序问题。

其次,这种自发创造的自治制度体现着一定的民主精神,从提出、认同到制定、执行,没有任何外在强制力,都是在民主协商基础上进行的,体现着合寨村村民对村中事务的自我管理、自我教育、自我服务。所谓自我管理，村里的事务并不是由上级部门管理的，而是由村民通过自己参与制定的乡规民约自我管理、自我约束。譬如，《村规民约》第二条关于严禁赌博、开设赌场的约文，并不是依靠政府的强制力执行。所谓自我教育是说村民们既是教育者又是被教育者，相互教育，不断提高素质和觉悟。合寨村《村规民约》的第一条就指出要不断提高思想觉悟。所谓自我服务是村民自己组织解决生产、生活、生态方面的问题。像《封山公约》就是村民们共同约定如何实现一个绿水青山的生存环境。

再者，同传统乡约一样，为了提高村民自治的效果，合寨村的"两约"又要具备实效性。村民们之所以制定"两约"，其缘起就是因为土地"包产到户"后，原先的生产队被架空，乡村治理出现了权力真空。"两约"不过短短十几条，每一条都有很强的针对性，内容并不空洞，都是对村民生产、生活具体事务的合理规范，也是对创建乡村文明和谐的积极指导。

总之，20世纪80年代，中国农村发生了两次意义深远的历史性变革，一次是"包产到户"，另一次就是"村民自治"，村民自治的重点在于制度上的创新。从合寨村开始萌芽的民主制度，如选举方法、村民议事制度、村务公开、年终报告制度等等，后来成为《中华人民共和国村民委员会组织法》当中的重要内容。

2. 乡约法制化进程

"皇权不下县"，在中国传统社会，国家治理实际上只到县一级，占中国土地面积和人口90%以上的县以下广大的地区和人口处于制度管理的盲区，维持日常秩序主要依靠"良俗"。但传统的良俗只能劝诫恶行，并不能阻止和惩戒。《吕氏乡约》等传统乡约把过去的良俗上升到了规则、制度层面，然而，这种民间法同作为国家法的规则、制度以及法治的治理方式并不一致，它对乡村的治理方式是一种礼治。

广西合寨村成立村委会的影响很大，之后周围的宜山、罗城各地纷纷效仿。如果仅仅停留在这种民间自发成立组织、制定和实施规约阶段，那么乡（村）规民约还是同一千多年前的《吕氏规约》没有太大差别。然而，生活在改革开放新时代的乡规民约走向了法制化的现代之路，作为中国农民创造的一种基层民主体制，它引起了当时主持宪法修改工作的彭真同志的高度重视，1981年下半年，全国人大法制委员会、民政部等迅即派出工作组进行实地考察，充分肯定了这一创举。

在彭真同志支持下，1982年12月，在重新制定的《宪法》中，确立了村民自治的基本原则，规定村民委员会是我国农村的基层群众自治组织，正式认可了村民委员会的合法地位。1987年通过了《中华人民共和国村民委员会组织法（试行）》，自1988年起，中国各地陆续开始试行。这部法律在指导各地村民选举村委会工作十年后，又于1998年11月4日，九届全国人大常委会第五次会议正式通过《中华人民共和国村民委员会组织法》，对村民自治进行了具体规定。

《组织法》认为村民自治是具有中国特色的基层民主制度，是广大农村居民在基层社会生活中，实行自我管理、自我教育和自我服务的重要制度。"三个自我"，即自我管理、自我教育、自我服务，是村民自治的基本含义。"四个民主"，即民主选举、民主决策、民主管理、民主监督，是村民自治的主要方式。《组织法》提出的"三个自我""四个民主"的原则，是以果作村的"两约"为重要参考资料的。

所谓民主选举是指村委会的主任、副主任和委员由村民直接选举产生,任何组织或者个人不得指定、委派。选举遵循公平、公正和公开的原则。凡年满18周岁的村民,只要享有政治权利,都有选举权和被选举权。通过本村有选举权的村民直接提名候选人、无记名投票、秘密写票、公开计票和当场公布选举结果的方法,实行差额选举。村委会每届任期三年,届满应及时进行换届选举。民主选举是村民自治的基础。通过民主选举,有利于把群众拥护的、思想好、作风正、有文化、有本领、真心实意为群众办事的人选进村委会,加强村委会建设。

所谓民主决策是指涉及村民切身利益的事项,必须由村民民主讨论,按多数人的意见作出决定。村民议事的基本形式是召开本村18周岁以上村民过半教参加,或者本村三分之二以上户的代表参加的村民会议。人数较多或者居住分散的村,或召开村民会议有困难的村,可以推选产生村民代表,由村委会召集村民代表开会,讨论决定村民会议授权的事项。对于涉及村民切身利益的事项,必须由村民会议或村民代表会议讨论决定方可办理。民主决策直接对涉及村民利益的事项作出决定,是村民自治活动的关键环节。

所谓民主管理是指发动和依靠村民,共同管理村内事务,维护村内秩序。主要体现在两个方面:一是通过村民会议、村民代表会议或民主理财小组,由村民及其代表直接参与管理;二是依照法律、法规、政策,结合村情,通过民主程序制定村规民约或村民自治章程,村民和村干部共同遵守,互相监督。民主管理要求村务管理必须充分体现村民意志,是村民自治活动的根本。

所谓民主监督是指由村民对村委会的工作和村内的各项事务进行监督。主要体现为:村委会由村民选举产生,受村民监督,本村五分之一以上的村民联名,可以要求罢免村委会成员;村委会向村民会议负责并报告工作,村民会议或村民代表会议每年审议村委会的工作报告,并评议村委会成员工作。经民主评议不称职的,可以撤换和罢免;实行村务公开。凡是涉及村民利益的事务及其处理情况,都要公开,让村民知道,并接受村民监督检查。民主监督使村务管理上合法律、下合民意,是村民自治活动的保证。

民主选举、民主决策、民主管理、民主监督这"四个民主"是当前中国农村村民自治的主要内容。民主选举是基础,民主决策、民主管理是关键,民主监督是保证。同村民自治的"三个自我""四个民主"的原则相应,村规民约的制定也走向了法制化。

村规民约是经村民委员会召集,或者十分之一以上的村民提议召集村民(代表)会议制定出来的。它是村民根据有关法律、法规和政策,结合本村实际共同商议制定的,并要求全体村民共同遵守的行为规范。制定及修订村规民约要遵循三个原则:内容要合法,程序要民主,政府要监督。

法律规定凡内容不符合法律规定的村规民约,其规定是无效的。即使程序合法民主,如果制定的内容违反国家法律,这规定也是无效的。我国《村民委员会组织法》第二十七条第二款规定:"村民自治章程、村规民约以及村民会议或者村民代表会议讨论决定的事项不得与宪法、法律、法规和国家的政策相抵触,不得有侵犯村民的人身权利、民主权利和合法财产权利的内容。"程序民主最重要的是村民参与。不符合民主程序的村规民约得不到村民的认可,自然不会被村民自觉遵守,最终形同虚设。村规民约制定程序是否民主、内容是否合法,除了村民的自我约束和自我监督之外,政府也要依法发挥指导、帮助和监督的作用。

总之,在《组织法》指导下,有着千年历史的中国传统乡约走向了现代化、法制化轨道。今天的中国农村许多地方的村民正在行使《组织法》赋予的权利,按照《组织法》提出的"三个自我""四个民主"的原则,自发、自愿地参与制定关系到他们权益的村规民约。

三、新农村建设进程中的乡约

不管是近代精英对传统乡治的探索、乡约的创新,还是改革开放后乡规民约的重现和法制化,都表明传统乡约所植根的中国传统治理文化仍然具有现代生命力。随着农村改革的深入,乡镇化进程的加快,2005年10月召开的中共十六届五中全会明确提出了建设社会主义新农村的伟大历史任务。经过十多年的努力,我们开始了实现全面小康社会的伟大进程。到今天,农村基础设施建设不断加强,社会事业稳步发展,公共服务水平不断提高,精神文明建设稳步推进。然而,农村改革和发展仍然处在爬坡阶段,还存在一些十分明显的问题。

这些问题主要表现在"三化"上,即物化、空心化、空壳化。所谓"物化",是指新农村建设着力于实施形象工程,譬如道路硬化、粉墙饰壁、改造翻新,这些行为是否符合各村各镇文化特色和实际需求,很少被考虑;所谓"空心化",是指虽有物化的硬件但缺少文化的软件,建筑、交通、绿化等硬实力增强了,但各地的文化软实力却没有起色,形成"千村一面"的情势;所谓"空壳化",是指国家"政策、投资、建设进村",而"村民出村",村里的年轻人、能人大量涌进城里,致使村里人口凋零且严重老龄化。这种状况都向我们正在进行的新农村建设提出挑战,在实现全面小康进程中,社会主义新农村建设不应该仅仅停留在"物的新农村"建设层面,更重要的是着力建设"人的新农村"。

为了更好推进"人的新农村"建设,我国许多乡村特别是一些发达地区的农村大力倡导乡贤治村,兴起了"新乡贤、新乡村"运动。这一运动引起了党和国家以及有多有识之士的重视,在2014年9月份召开的"培育和践行社会主义核心价值观"工作经验交流会上,中宣部部长刘奇葆提出,乡贤文化根植乡土、贴近性强,蕴含着见贤思齐、崇德向善的力量。要继承和弘扬有益于当代的乡贤文化,发挥"新乡贤"的示范引领作用,用他们的嘉言懿行垂范乡里,涵育文明乡风,让社会主义核心价值观在乡村深深扎根。如果说在传统乡约文化中,乡贤发起乡约引领乡民自治,那么今天的新乡贤们也应该继续发挥重要作用,创新村规民约在推进"人的新农村"建设中的作用机制,焕发村规民约在乡村治理中的积极功效。

1.乡贤协调下的村民自治

乡规民约解决的是村民自治课题。在全面实现小康社会的新形势下,必须大力推进农村社会管理体制机制创新,以加快农村发展,确保农村社会长治久安、农民群众安居乐业。2014 年中央一号文件中的"改善乡村治理机制"这一部分,引人注目的一条政策是:"探索不同情况下村民自治的有效形式,农村社区建设试点单位和集体土地所有权在村民小组的地方,可以开展以社区、村民小组为基本单元的村民自治试点。"村民自治是改善乡村治理机制的关键。在传统的村民自治中,传统乡贤发挥着重要作用。那么,何谓乡贤?

"乡贤"一词,文献中出现较迟,明代浙江嘉兴人沈德符《万历野获编》的"果报"类中记有一则明代新闻,名为《戮子》:"嘉靖末年,新郑故都御史高捷,有子不才,屡戒不悛,因手刃之。中丞殁后,其地公举乡贤。"由这段文献足见乡贤是指乡里有德行有声望的人。与"乡贤"近义的词,在古文献中有"乡先生",泛指乡里有声望、有德行的人;"乡达",指一乡之贤达人士;"乡老""乡三老",最初是基层地方官名,后转义为乡里受人尊重者;"乡绅",古称退职还乡家居的官员和在当地有声望的人。概而言之,"乡贤"一词系指在本土本乡有德行有才能有声望而深为当地民众所尊重的人。要想成为乡贤,须具有地缘、美誉和美德三个基本要素,其中地缘是说本乡本土,美誉是指拥有一定声望,美德是指乡贤作为道德品行的榜样。

乡约鼻祖《吕氏乡约》就是一部由乡贤吕氏兄弟指导其邻里发起的乡约。之后的乡约虽然形态各异,但不外乎由像吕氏兄弟这样的一些有相当文化、威望的乡村或宗族精英(我们可以笼统称之为乡贤)主事,由本地域、本宗族、本姓氏、本血缘的族人或乡民共同自愿发起的一种自治组织,主事的乡贤不像里正、保长等政府"仆人",受朝廷衙门的管束不大,在乡村社会里,具有类似足球场上"自由人"的身份,起到协同、调节其他队员完成合法进球的工作。一场球能否踢出流畅的配合,这个作为"自由人"角色的球员作用很重要。同理,在乡村社会里,类似于"自由人"角色的乡贤,对村民自治过程中所涉及的各重关系能进行协调和聚合。

按照《吕氏乡约》规定,乡约组织一般由一个自然村落的乡民自愿组成,其领导者"约正"一般为一至二人,由全体约民推举产生,即"众推正直不阿者"。作为"约正"必须有为民众所认同、赞许的德行和才识,用今天的话说叫"德才兼备",尤其是德行方面。"约正"的主要职责是裁决是非、主持公道、平息纠纷、实施赏罚,依靠权威来行使职能,并对违反乡约的乡民，根据其性质和轻重，强制性地给予不同程度的处罚。此外，设有值月一人，由粗通文笔的约众，以一个月为任期，按照年龄长少轮流充任，其主要职责在于管理记录、聚餐、集会等一切杂事。

显然，"约正"治理乡约组织的权威不是上层政权给予的，也不是自己所属宗族内族长、长老所拥有的族权赋予的，他的权威只能来自自身的德行才识所带来的社会威望。费孝通先生指出："中国社会有着两条平行权威来源的结果，使社会秩序建立在两个不同的水平上。群众的日常生活受到社会权威的调节，同时，政治权威通常局限于衙门的行动。"①可见，能够调节乡民日常生活的传统乡贤们，自身所具有的社会威望并不是来源于上层嘉奖，而是下层民众的认同、赞誉。

中国乡村地域辽阔，乡民居住相当分散，村庄之间相互隔绝，"蜂窝状"的基层社会结构使得皇权无暇对其进行绝对控制，只能委托作为乡村精英阶层的乡贤对基层社会进行直接的管理和控制，但这并不意味着政府权力不介入乡约组织。传统乡约的发展历程表明，乡约这个奠基于乡土社会的地缘组织，后来也受到来自皇权的上层权力规制。从传统乡约的运行机制看，上层政权是推动乡约合法性的重要力量，政治权力介入直接造成了乡约的全国性推行。不过，当时上层政治权力的智慧在于，在具体的地方乡约推行中，只提供一个较为形式化的"六谕"作为文化整合的框架，而没有规定具体内容，这为乡约的运行提供了很大的自由发展空间。如此一来，地方官员和乡贤可以结合当地特色和社会主要矛盾制定乡约，保证了乡约的有效性。

然而上层权力的规制又总想干涉基层自治，哪怕表面上讲推行基层自治，但这种推行却成了以"推行自治"名义干涉自治。自清初至清

① 费孝通：《中国绅士》，中国社会科学出版社2006年版，第40页。

末，皇帝督促各省实行乡约有很多次，每一次都是由皇帝颁发上谕，责成各省督抚实行，但过了几年就不行了。不行，就再发上谕；过了几年又不行，再发上谕；如是再三再四。正如梁漱溟先生所说，变成了官样文章。

大致说来，在传统乡约文化中，作为乡村精英的乡贤充当着上层与基层之间、官员与乡民之间的协调角色。费孝通先生指出："虽然在法律上只有一条从上向下的贯彻帝国命令的轨道，但是在实际生活中，中间有政府的皂吏和地方上选择的'乡约'或者相同类型功能的人物。通过这种中介，不合理的命令可以打回去。这种由下而上的影响，在中国正式的政治制度的讨论中，通常是不予承认的。然而，它实际上是有效的。"①

费先生所说的"自下而上"的影响机制，是通过乡贤们协调完成的。一方面他们可以"为民请命"，因为他们扎根乡里，更了解乡村社会生活实际，比上层官员更能够反映和维护基层民众的意愿、意志；另一方面他们作为精英，更有能力引领和指导基层民众如何更好地服从政府治理，以构建一个良好的治理生态。乡贤既不是政府权力运行机制中的成员，所以不存在与基层民众的对抗；也不是以组织、发动民众进行争夺或限制政治权力为宗旨，而是以教化基层民众"相约为善"为指归，所以也不存在与政府的对抗。既然对政府与基层民众来讲都不是对抗因素，就更容易发挥居中调节、和谐上层规制与基层自治矛盾的功能。

鉴古察今，在今天的新农村建设中，村民实现自治的组织方式不再是乡贤协调下的乡约组织，而是政府治理、领导下的村民委员会，简称村委会。村委会是村民自我管理、自我教育、自我服务的基层群众性自治

① 费孝通：《中国绅士》，中国社会科学出版社2006年版，第16页。

组织,是在村民居住区范围内按照便于自治的原则而设立的,具有自治性、群众性和基层性的特征。从目前我国农村的实际情况看,村委会的任务主要包括两个,一是根据村民群众的意愿,组织村民依法管理自治事务,开展自治活动;二是协助基层政府开展工作或受基层政府委托办理有关事务。

缺乏乡贤引导的村委会,有时就无法发挥居中协调、和谐上层规制与基层自治矛盾的善治功能。首先体现在村规民约的制定上,村委会制定村规民约本来应该体现村民的意愿,然而现今的村规民约多存在一定程度的国家政治权力介入。譬如一些村庄制定村规民约时有政府官员参与介入,而那些政府官员并不务实际,"指手画脚",直接对乡民提出应该如何如何,应该怎样怎样,有着权力的强制性。现在的农村一般均有村委会,但是他们对村规民约的认识不够,村规民约是本区域乡民自己自治的规约,是经过乡民共同商议而定的,是村民共同意志之体现才对,而不是由某个乡镇领导或上一级领导或某几个村委会领导制定。

其次,随着城镇化推进,人员流动性增大,社会关系愈益复杂,乡民之间已不复是原来乡土社会的血缘、地缘关系,乡村社会也由"熟人"社会嬗变为"半熟人"甚至"陌生人"社会,所以今天的乡村治理是一项复杂的系统工程,需要发动社会各方力量的积极参与。乡村治理本应该是由多元主体通过协商合作的方式对农村社会事务和社会生活进行规范和管理,治理的主体除了乡镇党委和政府、村级党支部和村委会以及村组干部、村镇各级社会组织外,村民也不可或缺,这些主体互补合作、彼此制约,共同管理各项事务,提供公共服务。然而,随着城镇化和现代化进程的推进,乡村治理环境的日益复杂化以及市场经济的影响,乡村治理主体的整体力被弱化,严重缺乏协同。这种主体的整体力弱化困境,迫切需要乡村贤达之人和有识之士的回归。

既然乡贤在村民自治中有着重要协调功能，那么当前乡村治理应该积极发挥乡贤的协调作用，强化各治理主体之间的协同治理理念，形成平等参与、良性互动的协同治理生态。为此，首先要正确处理村"两委"与乡贤关系。在当前体制中，村"两委"是乡村治理的主体，乡贤则是乡村中有声望、有威信、有能力的群体。两者关系处理的好坏，直接关系到新农村建设的效果。对村"两委"与乡贤的关系处理可以考虑两种途径：一是主辅关系，重大的问题要坚持村"两委"的主体地位，乡贤作为一种重要的有益补充，献计献策，带头执行村"两委"的决策；二是融合关系，即考虑依据一定的标准，让乡贤或进入村党支部，或进入村民自治委员会，特别是后者。这样就可以让乡贤始终处于新农村建设工作的显要位置，而不是游离于边缘，同时能更好地使乡贤的行为与国家、政府保持一致，产生协同效应。

其次，农村联产承包责任制的推行、商品经济大潮、城镇化战略的实施，一定程度上导致了乡贤影响力、凝聚力的弱化，乡贤与村民为了各自的生计忙碌，乡贤之间也鲜有联络，这大大埋没了乡贤在新农村建设中应发挥的作用，所以要积极探索将分散的乡贤凝聚起来并让他们积极参与乡村社会日常管理的机制。比如，成立乡贤资政智囊团，聘请乡贤担任主要成员、顾问、理事等，经常听取他们对家乡经济社会发展、乡村重大事务管理等方面的意见建议。也可以创建以乡贤为主的理事会、工作室、民间调解组织或义工组织等。参考我国东南一些地区的做法，可以通过乡贤理事会平台，将乡贤聚集在一起，譬如自2011年以来，广东云浮市大力培育发展自然村乡贤理事会，目前已基本实现自然村全覆盖，总数达到8000多个，理事成员中乡贤超过总数的50%。

就乡贤理事会的实践来看,新乡贤们可以借助这个平台,在村级公益事业建设、弘扬优秀传统文化、调解农村矛盾纠纷、培育乡风文明等方面起到引擎作用,实现了政府管理与村民自治的对接与互动。具体说来,一是能放大乡贤的影响力,感染、凝聚更多乡民参与到新农村建设中;二是原本无处寻觅的乡贤们,通过乡贤理事会随时与村民保持联系,使村民有了"主心骨";三是利用乡贤理事会具有的公益性、熟人社会的特点,能低成本的、更务实的化解乡邻纠纷。另外,由于理事会的示范作用,也激发了乡民们作为乡村治理主体的意识,调动了他们的参与热情,推动了新农村建设中的村民自治进程。

2.乡贤引领下的乡约实施

长期以来,作为乡村精英阶层的乡贤们都非常重视对传统乡约的建设工作。为了提高传统乡约的治理效果,他们积极致力于传统乡约的理论构建,原始儒家思想、宋明理学思想先后被蓝田吕氏兄弟、朱熹、王阳明、吕新吾等诸多乡村精英阶层植入传统乡约的理论框架中。由于大多数传统乡约从最初的倡议到后来的制定、实施乃至具体执行,都是在乡贤主持领导下完成的,所以它们虽然也参照了当地乡村社会风俗、习惯和旧例,但也不可避免带有着明显的乡贤阶层的价值观印迹。这些从属于乡村精英阶层的价值观,直接影响到了传统乡约的价值取向,逐渐内化成为指导乡民日常行为的准则和标尺。

梁漱溟先生在对近代中国自救之路的探索中,曾指出:"在西洋科学发达的结果,遂让它政治上开出来一个新的方向,即:团体事情的处理要听智者的话,受智者的指导。中国与西洋不同:中国的科学不发达,可是它有一种对于人生向上,对于道德的要求;从这种要求出发,则要尚贤。

中国不能有团体组织则已；如果有团体组织，那末，这个尚贤的风气仍要恢复，事情的处理，一定要听从贤者的话。本来贤者就是智者，如果尊重智者，在团体中受智者的领导是可行得通的；则尊重贤者，在团体中受贤者的领导也是可以行得通的。尚贤尚智根本是一个理，都是因为多数未必就对。……这一个团体，虽不必取决多数，可是并不违背多数；它正是一个民治精神的进步，而不是民治精神的取消。"①按照梁先生看法，中国如果产生一个实施民治的团体组织，这个团体组织就要听贤者的话，接受贤者的引领。既然传统乡约就是实施乡民自治的组织，也理应也要听贤者的话。

　　与传统乡约相比，而今的村规民约就轻视道德教化，缺乏引领乡民"人生向上"的一面，换言之，注重事多而注重人少，往往过于注重国家政府的上层政策落实问题，相对忽视德业教化的功能，更注重处理一些具体事件，不能调解处理的就向上交，由上面的机关处理，很少有像传统乡约组织那样劝民诚信、向善的教化自觉。现今的村规民约大多已变成国家管理基层、政府管理乡村的一个"媒介"，而不再是教化乡民，引导他们"相约为善"，实现人生向上的规则、制度。借鉴传统乡约文化，要想发挥村规民约的导善功能，离不开乡贤的示范效应。

　　首先，如前所论，孔子以"君子之德风，小人之德草"，比喻有德君子的价值引领功能，认为君子如何行为，普通民众就像随风倒伏的草也跟着如何行为。《荀子·君道》篇也指出："法者，治之端也；君子者，法之原也。"认为要想治理好社会必须有法规，但要想执行好法规又必须有君子的示范、引领。

　　传统乡贤祠就高扬了这种乡贤的引领、示范效应。明代嘉靖年间，

①　梁漱溟：《梁漱溟全集》第二卷，山东人民出版社2005年版，第290页。

福建泉州府晋江县的青阳乡,曾经在罢职家居的乡绅庄用宾的主持下成立了乡约组织,制定了乡约制度。庄用宾推行《青阳乡约》,曾经设置了"乡贤祠",他提出的选贤标准是"论德不论官,以贤不以族",引导乡人向学修身,破除门阀、族姓等观念。当时,他所设立的两位乡贤神位分别是夏秦和李聪,这二人并不是什么高官显宦,都是德行兼备之人,能够为乡民树立榜样。乡贤祠通过尊崇乡贤的方式为乡民树立楷模,明代以后,常被设置在乡约所里,而从大量的墓志铭看,很多实行过乡约的士绅过世后,也会被纳入乡贤祠之中。由此,"论德""以贤"的标准成为人们共同认可和推崇的目标,这与乡约礼俗教化的目标相吻合,可以积极推动乡约的有效运行。

其次,在传统儒家看来,一个贤者应具以天下为己任的担当。范仲淹名句"先天下之忧而忧,后天下之乐而乐"就体现着这种贤者的担当意识。乡贤作为乡村社会的精英理应具有这种高度的主人翁意识和责任感,产生导向作用和凝聚效应。乡贤生长于地方,但心系天下,他们或非官非僚,或退官闲赋在家,有极强的社会责任感和国家主人翁意识,不计个人得失,为发展乡里倾其心力,产生着巨大的导向作用和凝聚效应。

传统乡贤以自己身份网络各种社会资源,为乡村邻里争得更多利益。他们热心地方教育,修建学校,组织族学,办私塾,以多种途径教化百姓。管理族产及民间田产,支持本乡经济和文化发展,热心公益,道路修筑、桥梁构建、学宫营造、寺庙修缮,等等。譬如,春晖中学创办者陈春澜先生,原是上海滩有名的钱庄老板,发迹之后,于1894年激流勇退,回到家乡(浙江绍兴)上虞做了很多善事,特别是创办上虞师范传习所、横山春晖小学,捐银20万元在白马湖创建春晖中学。短短几年间,春晖中学便声名鹊起,荟萃了一大批名师硕彦，夏丏尊、朱自清、朱光潜、丰子恺等先后在此执教，推行新教育，传播新文化，为今日的春晖留下了深厚的文化积淀，奠定了坚实的名校基石，赢得了"北南开，南春晖"的美誉，成为中国教育的一颗璀璨明珠。

传统儒家文化主张，贤者应该有"克己复礼"的修养，变他律行为为自觉行为。在新农村建设中，国家和政府不可能大包大揽，也不可能事无巨细地管完理尽，村民的家长里短、分角斤两之事要靠村民自行解决，风俗文明、管理民主与协商等也要靠村民自觉践行。乡贤生于乡土，精于本土事务，是地方的领袖和标杆，在乡贤自律行为的影响下和贴心的说服中，村民会逐步规范言行、整洁环境，形成做文明人的自觉，把村规民约的他律行为变为自发行为。

总之，在乡贤的引领下，传统乡约作为乡村社会的"准法律"，延伸到了乡村社会的各个角落，从农业生产互助到乡民生活互济，从公共资源管理到生态环境保护，从家庭关系维护到社会关系协调，无一不见传统乡约的治理痕迹。

为了更好发挥乡贤的引领作用，重新定义乡贤内涵，树立"新乡贤"就显得十分必要。其实，梁漱溟先生所提倡的贤智合一的乡贤就已蕴含"新乡贤"之意了。梁先生认为贤者本来就是智者，显然他说的贤者已经不仅仅是道德品质上的贤者，还得是有一定治理能力的贤者，所以梁先生办的乡农学校很重视科学知识培训。"贤"的内涵要丰富，不仅包括道德楷模、学者官员，工、农、商、学、兵界任何精英都可以称为贤者。还有个对"乡"的理解问题。在目前的新农村建设中，人口加速流动，地域界限被打破，很多人离乡发展，少回或难返故土；而另一些人主动离开城市去乡村创业发展。在这新形势下，还要坚持传统那种本乡本土的地缘关系,就有点狭隘了。要突破地域性,凡是品德高尚、自愿到乡村做贡献的贤者,都可以视为"新乡贤"。

为了确保乡贤在新农村建设中的影响力,充分发挥他们的作用,凡愿意运用自己的经验、学识、专长、技艺、财富以及文化修养等,为一乡一村发展作贡献,且行为保持相对稳定性的人,都可以叫"新乡贤"。譬如,在今天圣城曲阜的鲁城街道周公社区,有个入选全国社区宣传思想文化工作100个示范点的"乐和家园"。在"乐和家园"建设过程中,社区成立了互助委员会,成员是以村民小组为单位,采用自荐或推荐的方式选举出的"乐和"代表。互助会的成立,让疏远的村民逐渐热络起来,一起为村里的事务上心出力,其中一些热心村内事务的普通村民成为"新乡贤",在"乐和家园"建设中发挥了很好的引领、示范作用。

总之,我们今天所推进的新农村建设之"新",就在于要有这些乡贤作为新的榜样性人物。就像"乐和家园"那些热心村内事务的普通村民,虽然他们未必算得上学界、农界、工界和商界精英,然而就他们在"乐和家园"建设中所发挥的作用而言,也可算作新乡贤了。充分发挥新乡贤的示范、引领作用,今天的社会主义新农村在各方面都会更好、更快地进步。为此,在今天的社会主义新农村建设中,要有树立"新乡贤"自觉,并采取各种激励措施,逐步形成新的、较稳定的乡贤群体。

3.礼法合治中的乡贤乡约

作为足球场上的"自由人",首先他组织的球必须合法,不能犯规,其次也必须合乎自己队友的习惯,否则打不出流畅的配合。乡贤作为乡村治理中的"自由人"角色,也必须首先遵循国家法律、法规,不能引领村民去做违法乱纪的事情;其次他还得合乎村民生活的习俗,让国家政府的治理政策在乡村得以更有效地施行。传统乡约就是礼法合治的体现,《吕氏乡约》就是既合乎法律、法规的法治又合乎礼义道德习俗的礼法合治典型。

如前文所论,在作为"熟人社会"的乡土社会,以礼俗规范乡民的生产、生活,一旦村民发生冲突与纠纷,并不是立即想到法律,而是本着家族和乡邻关系,首先通过村规民约来进行调解和缓和,"都是一个姓一个祖宗一家人","看在乡里乡亲的情分上","抬头不见低头见",他们通常用这类说辞进行劝导、调和,国家法则一般仅作为参照或是最终的武器。

在村民看来,一切纠纷都可以在礼俗中找到解决的依据,而且这种解决的依据相对固定化,是生活的习惯规则。村民间的纠纷一旦进入法律程序,他们并不会直接想到实体法是如何如定的,程序法该如何如何,他们只关心案件的处理结果,关心法院的判决是否符合他们认定的伦理道德。在村民的认识中,法院对纠纷的解决结果必须要在情理上说得过去,要符合他们的某种价值观念、习惯行为或道德准则。即使这些纠纷最终通过法院的判决来处理,如果处理的结果与人们的预期或根深蒂固的心理和情感相悖,不仅得不到认同和良好的执行,反而可能造成法律不公正的社会效果。比如说,在传统礼俗看来,一个男的破坏别人家庭,和别人的媳妇通奸应该受到重惩,结果法院对他轻判;那个媳妇的丈夫气不过,重打了那个通奸的男人,反而被法院重判,遵守传统礼治的人往往觉得没法接受,认为法律不公平。

今天的乡村是以行政村为单位的"半熟人社会",在一些经济发达地区的农村,由于外来人口的急剧增加,甚至已经形成"陌生人社会"。在这样一种情形下,传统乡规民约以及传统乡贤都需要与时俱进。

与传统乡贤指导下的以礼俗为依托的传统乡约不同,现今的村规民约是国家法的一种乡土化、民间化的体现,可谓国家法在农村里的"影子"。我国著名的法文化理论家梁治平先生指出:"我们的现代法律制度包括宪法、行政法、民法、诉讼法等许多门类,它被设计来调整社会生活的各个领域,为构建一个现代社会奠定基础。同时,它们也代表了一种精神价值,一种在久远的历史中逐渐形成的传统。问题在于,这恰好不是我们的传统。这里不但没有融入我们的历史、我们的经验,反倒常常与我们'固有的'文化价值相悖。于是,当我们最后不得不接受这套法律制度的时候,立即就陷入到无可解脱的精神困境里面。一种本质上是西方文化产物的原则、制度,如何能够唤起我们对于终极目的和神圣事物的意识……因为它与我们五千年来一贯遵循的价值相悖,与我们有着同样久长之传统文化格格不入。"①梁先生这番话值得我们深思。

以国家法为蓝本的现今的村规民约,也存在着与我国乡村的传统治理文化不相符问题。譬如,现今的村规民约很少有劝民向善、诚信为本的,多是些义务性的内容,规定村民应如何如何,不准村民怎样怎样,否则会受到处理,等等,含有"命令性、强制性",缺乏人文关怀,村民被动接受,而不是主动地去实行。其实村民在村规民约中应当既充当立约者又是履约者。现代法制相当大程度上渊源于西方,是"舶来品",在我国尤其是乡村的实际运用中确实有水土不服的问题。

如何在推进"法治中国""法治乡村"过程中,继承并创新中国传统的敬德尚礼的治理文化? 2016年12月9日下午,中共中央政治局就我国历史上的法治和德治进行第三十七次集体学习。中共中央总书记习近平在主持学习时强调,法律是准绳,任何时候都必须遵循;道德是基石,任何

---

① 梁治平:《法律与宗教》之序《死亡与再生:新世纪的曙光》,中国政法大学出版社2003年版,第12—13页。

时候都不可忽视。总书记强调，法安天下，德润人心。法律有效实施有赖于道德支持，道德践行也离不开法律约束。法治和德治不可分离、不可偏废，国家治理需要法律和道德协同发力。因此，坚持依法治国和以德治国相结合，犹如车之两轮、鸟之两翼，对于夯实国家治理的基石都不可或缺。

有鉴于此，与以德行、德治为首务的传统乡贤不同，在新农村建设中的新乡贤在实施乡村治理时，必须贯彻总书记所讲的"法安天下，德润人心"精神，形成以道德为基石、以法律为准绳的自觉。在推动新农村建设的进程中，贯彻德为先、法为据，坚持依法治国和以德治国相结合，使法治和德治在乡村治理中相互补充、相互促进、相得益彰，推进乡村治理体系和治理能力现代化。由此，新乡贤不仅要具备良好的声望和德行，还要强化法治意识，学习法律法规，增强依法依规治村的能力。除此之外，还应带领乡民学法用法，增强普法工作的实效，提高乡民依法维护自己合法权益的信心和能力。

要想建设现代的法治中国，就必须建设现代法治乡村。法治的基本要求是国家内的一切活动都必须依法进行，任何人和任何活动都没有超越法律的特权，不得与法律相冲突。显然，部分乡村秩序独立于国家秩序之外，不符合法治原则，只是在一个固定的社会群体中依靠共同的理念、习俗来维持，在今天是不可能的了。必须促进法治精神与村规民约的融合，让起源于道德礼俗的传统村规民约，在法治的框架下得以成熟和完善。有鉴于此，村规民约必须创新发展。

一是在内容上，新的村规民约更强调树立社会主义新风尚，并与国家政策、法律在某种程度上达到一致，将贯彻执行国家政策、法律作为村规民约的重要内容之一。例如，要求遵守国家法律和政策，遵守国家有关计划生育的规定，遵守国家有关殡葬改革制度实行火葬，等等。村规民约更增加了大量有关民主管理的内容,例如民主选举制度、民主议事制度、村民代表会议制度、村务公开制度、村委会财务管理制度、村委会账务管理及审计制度、宅基地审批制度、公有车辆管理制度、村委会民主理财制度等。

二是在实施上,今天的村规民约的产生大多经过村民集体讨论通过,并形成了书面的规章制度。受现代法治观念的影响,依法治村、以章治村的观念渐入人心,书面的规章制度逐渐取代了以观念形式存在的传统习俗,一旦有村民违反,由村委会按有关制度进行批评教育,直至做出处罚,处罚方式以经济制裁为主,如罚款,在一些经济发达的乡村,更以取消分红或各种福利等作为处罚方式。

可见,在全面建设小康社会的新的形势下,要继续发挥新乡贤的协调、引领、创新功能,继承创新礼(德)法合治的治理文化,让村规民约不仅要立足于民众生产、生活的实际,更应该契合现代法治精神,不断提升村规民约的含金量,实现其执行过程中的严肃性和长效性。

总之,在以"人的新农村"取代"物的新农村"建设进程中,植根传统乡约文化的乡贤文化得以继承创新。2015年中央一号文件进一步指出:创新乡贤文化,弘扬善行义举,以乡情乡愁为纽带吸引和凝聚各方人士支持家乡建设,传承乡村文明。在新乡贤协调、引领之下,乡村治理正努力实现从相约为善的道德教化目标,到相约为善与相约共富兼顾的社会发展目标;从偏重传统礼俗的教化型的柔性治理,到实现现代法制的强制型的刚性治理与礼俗教化的柔性治理的结合。

"乡民相约,共为小善"的《吕氏乡约》,以一种乡民自治的组织和制度的形式,很好彰显了儒家所固有的礼乐教化之妙。这一乡约,以德业相劝、过失相规、礼俗相交、患难相恤四篇条款谱写了一部有关传统乡村治理的精彩教化乐章,也给了中华民族的每个子孙一份美丽的乡村记忆和温馨的乡愁。但随着年轻人努力进城过好日子,乡村日益空心化、空壳化,渐渐丧失活力,而且因为个人致富的追求压倒了"相约共善"的目标,村民也陷入了人与人、人与自然相互疏离的境遇,美丽的乡村在褪色,温馨的乡情在变冷。如何"留得住绿水青山,系得住乡愁"? 美丽的乡村在召唤新乡贤去营造和谐治理生态! 古老的乡约在期盼新乡贤去点亮中国传统治理智慧之光!

附 录

《章丘市文祖镇三德范村规民约》(2015年)

为建设美好家园,促进全村和谐稳定以及各项事业的顺利发展,使广大村民养成明德、行德、成德的良好习惯,经广大村民认真商讨,反复研究,达成一致意见,自觉遵守如下约定与规范。

一、明礼守法

礼是世世代代流传下来的行为规范,是一个人有无教养的重要体现,法律是道德的底线,明礼守法是每一位村民的应尽之责。

1.举止得体,说话和气。

2.相互尊重,以礼待人。

3.处事谦让,以和为贵。

4.相互帮助,相互学习。

5.待客热情,急人之急。

6.学法知法,懂法守法。

7.见义勇为,敢于同违法行为作斗争。

8.不纵容、包庇、隐藏违法犯罪人员。

9.不偷盗、不敲诈、不勒索。

10.不非法生产、运输、储存和买卖爆炸物品,不私藏枪支弹药。

二、过失相规

一个祥和、安定的社会环境,是保证广大村民安居乐业和进行各项建设的前提条件,为实现这一目标,凡我村民要做到过失相规,和睦邻里。

1.自觉维护社会秩序和公共安全,不妨碍公务人员执行公务。

2.不说脏话,不爆粗口。

3.不侮辱人,不诽谤人。

4.不骂街。

5.不挑衅滋事,不占人便宜。

6.不酗酒,不赌博。

7.不打架斗殴。

8.见人有难,尽己之力救之。己力不足,呼人相助。

9.患难相帮,守望相助。

三、尊老养老

百善孝为先。孝敬父母长辈是中华民族的传统美德,村民应以孝子赵介文、杨秉英等为榜样,尽到人子之责。

1.按时足额供给老人粮食,钱款及其他生活物品。

2.给老人适时清洗更换被褥衣服。

3.保证住房坚固,不漏雨并保持洁净。

4.房舍做到夏凉爽、冬温暖,并能有效预防煤气中毒和火灾。

5.根据老人的爱好与特点,帮助老人参与看电影、看戏、看扮玩等项活动,满足老人的精神需求。

6.尊重老人的意愿,尊重老人的生活方式(如自主生活等)。与老人共同生活的,要随时争取老人的意见,在饮食上做到力所能及的调剂,适合老人的口味。

7.老人有病时,要及时请医生治疗或送医院治疗,并有专人日夜陪护,不耽搁不懈怠。

8.不干涉老人的社交活动。

9.不损害老人的再婚权利。

10.每年定期表彰孝老子女,对不孝子女给予批评教育,通报全村并监督改正。

四、婚姻家庭

家庭是社会的细胞和基础,家庭状况的好坏,对社会整体面貌影响极大。营造众多和谐美满的文明婚姻家庭,应做好如下几点:

1.遵循婚姻自主、一夫一妻、男女平等等法规。

2.按照国家政策,实行计划生育,倡导优生优育。

3.夫妻平等管理家产,共同承担家务和债务。

4.夫妻双方任何一方不得实施任何形式的家庭暴力,不得虐待孩子和老人。

5.夫妻应尽好抚养、教育未成年人的责任,保证子女健康成长,使其接受良好的文化、教育,至少要完成九年义务教育。

6.男孩、女孩在家庭要享有同等的权益,有同等的继承权和受教育权。做到不歧视、虐待,不遗弃女婴。

7.男到女方落户,男方享有其他成员同样的权益,不得歧视。男方同样履行好相应的家庭责任和义务。

五、优化风俗

1.学习科学知识,破除任何迷信,不受邪教的诱惑。

2.不提倡抽签打卦、请神占卜等活动。

3.临丧致哀,丧事从简,不提倡铺张浪费。

4.实行火葬,不准葬埋堆大坟头占用耕地。

5.凡我村民,都是三德范村大家庭之一,人人平等。不得搞宗派活动,不搞家族主义。

6.注意个人卫生,早洗脸,晚洗脚,勤洗澡。

7.搞好家庭卫生,务必保持房舍内外整洁。

8.注意全村内外环境卫生,粪土、杂草、垃圾不得随意堆放,见有垃圾及时清理。

六、生态文明

锦屏山及其他林场,苍松翠柏,林海茫茫,这是先辈给我们留下的一笔巨大财富,保护山林,人人有责。特别要注意防火、防盗、防毁坏,全体村民高度警惕,一刻也不能松懈。

1.积极参加义务植树活动,不断扩大林区面积和木材储集量。

2.不准进山采石、开荒,破坏山皮或山体。

3.不准进山放牧牛羊和有损林场的其他活动。

4.不准进山砍伐树木,损坏树木。若损坏一株幼苗,罚载10株。偷伐大树者,予以重罚。情节严重者报请有关部门处理,直至追究刑事责任。

5.不带火进山林。不在林区边缘烧荒、祭坟烧纸,以免引起火灾。

6.如接到林火情报,立即赶赴现场灭火。

7.水是全体村民的生命线,对村里内外水源、河流予以保护,任何人不得以任何方式污染水源、河流。

8.保护野生动物,任何人不得捕捉燕子、青蛙、山兔、山鸡、野鸭等野生动物。

七、维护公共设施

1.不损坏水、电、路、通讯等项设施。

2.新建或翻建住房要符合村庄规划,不损害公共和他人利益。

3.保护好学校、幼儿园、卫生室、村办公室等基础设施。

4.保护好村内现有的庙宇、碑碣、古门楼、古圩墙等文物。以上设施如有破坏者,自觉接受相应的处罚。

后　记

　　虽然乡村是生我养我的家园，但这个我自以为"熟悉"的家园所孕育的让我们一代又一代繁衍生息的文化究竟是什么？这一问题让我这个一直致力于认知、传播中国传统文化的后进觉得"陌生"。为了走近乡（村）规民约所体现的传统乡村的治理文化，我努力研读有关乡（村）规民约或乡村治理的十几部研究专著、数十篇研究论文，虽然获益良多，可还是让我无法完成呈现"乡约文化"的这个课题。参考学界目前的研究成果，写完了第一章中的有关乡约的"一般"理论，可对于其中的"特殊"文化却依然难以为言。一边是让我的时间成为碎片的生活世界，一边是时间紧迫但欲言又止的课题压力，个中滋味，欲说还休。

　　就在苦恼万般的时候，我又重新回到经典世界，试图与先贤们对对话、聊聊天，不经意地看到了一封有关吕大钧（《吕氏乡约》作者）向别人介绍自己创立乡约心迹的信，其中有句"乡民相约，共为小善"。这八个字让陷于困顿的我突然有了"柳暗花明又一村"的感觉，原来传统乡约贯穿着一个"相约共善"的治理文化。于是乎，茅塞顿开。围绕着这个"相约共善"的主题，我走近了传统乡约的"德业相劝，过失相规，礼俗相交，患难相恤"的以教化建和谐治理生态的文化，也稍稍明白了何谓乡规民约、乡约究竟何用以及今天何为三个问题。

该课题的研究、写作，除了要感恩经典的开蒙、时贤的惠教，特别要感谢这套丛书的每位成员！颜炳罡教授的耳提面命，让我欲罢不能，不敢生丝毫懈怠；孔祥安教授、周海生教授等诸位成员的指教斧正，让我获益良多，开阔了研究视界。李树超、邝宁、陈凤英等诸位学弟学妹的细致帮助，让我备感温暖，省却了诸多周折。另外，还要特别感谢王德椿先生对课题自始至终的关注和指点。学然后知不足。写完文稿，并没有应有的轻松，想起文稿即将要面呈乡约文化领域诸位方家和憨笑中埋着乡音的父老乡亲，心中万般惶恐，愿诸位方家、乡亲不吝赐教！

王广

2017年3月3日